中国传媒社会责任研究报告

RESEARCH REPORT ON SOCIAL RESPONSIBILITY OF MEDIA IN CHINA

(2018~2019)

主　编／黄晓新　刘建华　邱　昂

中国书籍出版社
China Book Press

图书在版编目（CIP）数据

中国传媒社会责任研究报告：2018—2019/黄晓新，
刘建华，邸昂主编.—北京：中国书籍出版社，2019.7
ISBN 978-7-5068-7301-7

Ⅰ.①中… Ⅱ.①黄… ②刘… ③邸… Ⅲ.①传播媒介-
社会责任-研究报告-中国-2018—2019 Ⅳ.①G219.2

中国版本图书馆 CIP 数据核字（2019）第 106773 号

中国传媒社会责任研究报告（2018～2019）

黄晓新　刘建华　邸昂　主编

责任编辑	李　新
责任印制	孙马飞　马　芝
封面设计	楠竹文化
出版发行	中国书籍出版社
地　　址	北京市丰台区三路居路 97 号（邮编：100073）
电　　话	（010）52257143（总编室）　　　（010）52257140（发行部）
电子邮箱	eo@chinabp.com.cn
经　　销	全国新华书店
印　　刷	三河市顺兴印务有限公司
开　　本	787 毫米 ×1092 毫米　1/16
印　　张	13.75
字　　数	226 千字
版　　次	2019 年 7 月第 1 版　2019 年 7 月第 1 次印刷
书　　号	ISBN 978-7-5068-7301-7
定　　价	98.00 元

版权所有　翻印必究

中国传媒社会责任研究报告

RESEARCH REPORT ON SOCIAL RESPONSIBILITY OF MEDIA IN CHINA

(2018~2019)

主　编／黄晓新　刘建华　邸　昂

中国书籍出版社
China Book Press

图书在版编目（CIP）数据

中国传媒社会责任研究报告：2018—2019/黄晓新，刘建华，邸昂主编.—北京：中国书籍出版社，2019.7
ISBN 978-7-5068-7301-7

Ⅰ.①中… Ⅱ.①黄… ②刘… ③邸… Ⅲ.①传播媒介-社会责任-研究报告-中国-2018—2019 Ⅳ.①G219.2

中国版本图书馆 CIP 数据核字（2019）第 106773 号

中国传媒社会责任研究报告（2018～2019）
黄晓新 刘建华 邸昂 主编

责任编辑	李 新
责任印制	孙马飞 马 芝
封面设计	楠竹文化
出版发行	中国书籍出版社
地　址	北京市丰台区三路居路 97 号（邮编：100073）
电　话	（010）52257143（总编室）　（010）52257140（发行部）
电子邮箱	eo@chinabp.com.cn
经　销	全国新华书店
印　刷	三河市顺兴印务有限公司
开　本	787 毫米×1092 毫米　1/16
印　张	13.75
字　数	226 千字
版　次	2019 年 7 月第 1 版　2019 年 7 月第 1 次印刷
书　号	ISBN 978-7-5068-7301-7
定　价	98.00 元

版权所有　翻印必究

中国传媒社会责任研究报告(2018~2019)
出品方

中国新闻出版研究院传媒研究所

中国人民大学书报资料中心

《中国出版》杂志社

《传媒》杂志社

中国传媒社会责任研究报告(2018~2019)课题组

课题组组长 刘建华 张文飞
课题组副组长 邱 昂 杨晓芳
课题组成员 刘向鸿 王更喜 段艳文 杨驰原 卢剑锋
王卉莲 刘小三 杭丽芳 吴文汐 周 皓

中国传媒社会责任研究报告(2018~2019)
编委会

编委会主任　黄晓新　中国新闻出版研究院党委书记、副院长

编　　委（按姓氏拼音字母为序）

陈柏福　东莞理工学院经济与管理学院副教授、中南大学中国文化产业品牌研究中心研究员、博士

陈南先　广东技术师范学院文学与传媒学院教授、博士

邱　昂　中国新闻出版研究院传媒研究所

郭沛源　清华大学博士、商道纵横研究员

杭丽芳　云南华一教育集团控股有限公司董事、昆明亚满福科技有限公司总经理

李　玲　中国丝路智谷研究院研究员

刘建华　中国新闻出版研究院传媒研究所研究员、博士

刘　敏　云南警官学院编辑部副编审、博士

刘小三　西藏民族大学新闻传播学院副教授、博士

卢剑锋　中国新闻出版研究院传媒研究所

申玲玲　西北政法大学副教授、博士

宋　婧　中国日报社总编室研究员、博士

唐凤英　中国社会科学院大学博士

王　亮	西安外国语大学新闻与传播学院副教授、博士
魏国彬	安徽财经大学艺术学院院长、教授、博士
吴文汐	东北师范大学传媒科学学院副教授、博士
许丽华	云南民族大学文学与新闻学院副教授、博士
闫伟华	内蒙古大学文学与新闻传播学院副教授、博士
杨玉飞	东莞理工学院
于重榕	云南美术出版社办公室主任、副编审
张　华	曲靖师范学院经济与管理学院讲师
周　皓	云南省交通运输厅

主编简介

黄晓新

男,湖北洪湖人。中国新闻出版研究院党委书记、副院长。武汉大学图书情报学院硕士研究生毕业,曾在福建师范大学历史系任教。历任国家新闻出版总署印刷复制管理司副司长、反非法和违禁出版物司副司长,挂职任新疆维吾尔自治区新闻出版广电(版权)局党组成员、副局长(正厅长级)。

参与组织实施并主编大型历史文献丛书《新疆文库》出版重点工程,著有《阅读社会学》,策划、主编《画说史记》《文化市场实务全书》和《中国传媒融合创新研究报告》《中国印刷业发展报告》系列蓝皮书等。主持中央文资办重大项目"中国新闻出版多语种语料库研究""全民阅读的社会学研究"等多项国家、省部级课题,在有关专业期刊发表论文40余篇,多篇论文被《新华文摘》和人大复印报刊资料全文转载,主要从事新闻出版管理与阅读社会学研究。

刘建华

男,江西莲花人。中国新闻出版研究院传媒研究所执行所长、研究员。中国社会科学院哲学所博士后,中国人民大学传媒经济学博士。中国新闻出版研究院书画社执行社长、中央国家机关书法家协会会员、中国新闻出版书法家协会会员,北京文艺评论家协会会员,新华社《瞭望智库》首批入驻专家。著有《舆情消长与边疆社会稳定》《对外文化贸易研究》《传媒国际贸易与文化差异规避》《民族文化传媒化》等书10余部，《中国传媒发展指数报告》主笔，《一本书学会新闻采写》（6部）丛书主编，发表论文80余篇。主持"舆情消长与边疆民族地区稳定研究"国家社科基金等30余项课题。研究成果获国家级、省部级多项奖励，多篇论文被《新华文摘》、人大复印报刊资料《新闻与传播》、"中国社会科学"等媒体多次全文转载，主要从事新闻传播理论、书法符号传播、传媒经济与文化产业研究。

邸　昂

女，河南信阳人，中国新闻出版研究院传媒研究所助理研究员，法国巴黎第十一大学公共管理学硕士，法国行政与管理预备学院金融EMBA，《中国传媒社会责任研究报告（2017~2018）》主编之一，主要从事传媒经济与对外文化传播研究。

前　言

"中国传媒社会责任研究"课题是中央级公益性科研院所基本科研业务费专项资金资助项目,是中国新闻出版研究院的重要研究课题,《中国传媒社会责任研究（2018~2019）》一书是该课题的研究成果。2017年至2018年间,中国新闻出版研究院已先后推出《中国传媒社会责任研究（2015~2016）》《中国传媒社会责任研究报告（2017~2018）》,得到政府、业界与学界的一致肯定与好评。今年继续推出的《中国传媒社会责任研究报告（2018~2019）》是全面反映2018年我国传媒社会责任理论和实践的传媒蓝皮书,本书通过对传媒社会责任经典案例进行深入研究与客观评析,力图使研究报告成为鲜活的一手实践材料,同时也是影响深远的成熟的理论分析总结,勾勒出了中国传媒社会责任履行的现状、问题和发展方向,推动中国传媒业更好履行社会责任,实现良性发展。

本书选取利益相关方对新闻媒体社会责任进行界定。新闻媒体社会责任的主要利益相关方包括公众、政府、出资人、媒体从业人员等。社会责任的概念按照广义的标准进行界定,原则上应包括以下内容:对党和政府的责任,主要发挥舆论导向作用,重点是意识形态与主流价值观的导向,遵守国家法律法规,发挥社会效益;对出资人的责任,主要是确保企业盈利能力与经济效益;对读者的责任,主要是确保提供内容精良丰富多样的传媒产品,满足消费需求；对作者的责任，主要是保护知识产权，使作者获得最大化的精神利益与经济利益；对社会的责任，主要是积极开展公益慈善行动，披露企业履责信息；对环境的责任，主要是绿色出版、环境保护与生态文明建设。

本书由主报告与专题报告组成。主要按照传媒基本情况、媒体执行社会责任现状、媒体执行社会责任存在问题、媒体社会责任执行力提升路径与方法这一结构行文。主报告为试点媒体社会责任报告，主要对试点媒体进行全景式的现状概述与理论归纳，以期为中国传媒社会责任工作的推进发挥有效的理论指导作用。专题报告包括出版集团篇、报刊社篇、广播电视台篇、互联网新媒体篇和年度观察篇五个篇章。出版集团篇包括中国出版集团社会责任报告、中国科技出版传媒股份有限公司社会责任报告、广西出版传媒集团社会责任报告；报刊社篇包括南方报业传媒集团社会责任报告、北京青年报社会责任研究报告、陕西日报社会责任报告、瞭望周刊社社会责任研究报告；广播电视台篇包括湖南广播电视台社会责任报告、SMG 及东方明珠社会责任研究报告、内蒙古广播电视台社会责任报告、云南广播电视台社会责任报告；互联网新媒体篇包括人民网社会责任研究报告、百度社会责任研究报告、今日头条社会责任研究报告；年度观察为中国传媒社会责任研究地图。

在此，对参与本书撰写的各位专家学者所付出的辛勤劳动和大力支持表示诚挚的谢意。

《中国传媒社会责任研究》课题组

2019 年 4 月 20 日

目 录

总报告

第一章　中国试点媒体社会责任总报告 ……………………………………（3）
　第一节　研究方法和技术路线 ……………………………………………（3）
　第二节　试点媒体社会责任指数排名 ……………………………………（6）
　第三节　试点媒体社会责任的年度特征 …………………………………（8）
　第四节　试点媒体社会责任的总体状况分析 ……………………………（8）
　第五节　试点传媒社会责任的存在的问题 ………………………………（12）
　第六节　关于试点媒体提升社会责任执行力的几点建议 ………………（14）

专题报告

出版集团篇
第二章　中国出版集团社会责任报告 ……………………………………（19）
　第一节　中国出版集团基本情况 …………………………………………（19）
　第二节　中国出版集团社会责任现状 ……………………………………（22）
　第三节　中国出版集团社会责任存在的问题 ……………………………（31）
　第四节　中国出版集团社会责任执行力的提升路径和方法 ……………（33）

第三章　中国科技出版传媒股份有限公司社会责任研究报告 …………（35）
  第一节　中国科技出版传媒股份有限公司基本情况 ……………（35）
  第二节　社会责任执行现状 …………………………………………（36）
  第三节　执行社会责任存在的问题 …………………………………（42）
  第四节　社会责任执行力提升路径与方法 …………………………（43）

第四章　广西出版传媒集团社会责任报告 ………………………………（46）
  第一节　广西出版传媒集团基本情况 ………………………………（46）
  第二节　广西出版传媒集团社会责任履行情况 ……………………（47）
  第三节　广西出版传媒集团执行社会责任存在的问题 ……………（53）
  第四节　广西出版传媒集团社会责任执行力提升路径与方法 ……（54）

报刊社篇

第五章　南方报业传媒集团社会责任报告 ………………………………（57）
  第一节　南方报业传媒集团的战略和发展经营理念 ………………（58）
  第二节　南方报业传媒集团履行的政治责任 ………………………（62）
  第三节　南方报业传媒集团履行的社会责任 ………………………（64）
  第四节　南方报业传媒集团履行的经济责任 ………………………（67）
  结语 ……………………………………………………………………（69）

第六章　北京青年报社会责任报告 ………………………………………（71）
  第一节　北京青年报媒体概况 ………………………………………（72）
  第二节　北京青年报履行社会责任现状 ……………………………（72）
  第三节　履行社会责任方面的不足和改进建议 ……………………（80）

第七章　陕西日报社会责任报告 …………………………………………（83）
  第一节　陕西日报传媒集团基本情况 ………………………………（83）
  第二节　陕西日报执行社会责任现状 ………………………………（84）
  第三节　陕西日报执行社会责任时存在的问题 ……………………（90）
  第四节　陕西日报提升社会责任的路径与方法 ……………………（91）

第八章　瞭望周刊社社会责任报告 ………………………………………（93）
  第一节　瞭望周刊杂志社基本情况 …………………………………（93）
  第二节　瞭望周刊社的社会责任现状 ………………………………（100）

第三节　存在的问题 …………………………………………… (106)

广播电视台篇

第九章　湖南广播电视台社会责任报告 ……………………………… (107)
第一节　基本概况：湖南广播电视台及湖南电广传媒股份
　　　　有限公司 …………………………………………………… (107)
第二节　社会责任履行情况 …………………………………… (109)
第三节　面临的问题及改进方法 ……………………………… (116)
第四节　努力方向 ……………………………………………… (118)

第十章　SMG及东方明珠社会责任报告 ……………………………… (121)
第一节　SMG及东方明珠基本情况 …………………………… (121)
第二节　SMG及东方明珠执行社会责任现状 ………………… (122)
第三节　执行社会责任存在的问题及提升路径与方法 ……… (129)

第十一章　内蒙古广播电视台社会责任报告 ………………………… (132)
第一节　内蒙古广播电视台基本情况 ………………………… (133)
第二节　内蒙古广播电视台执行社会责任现状 ……………… (134)
第三节　内蒙古广播电视台执行社会责任存在的问题 ……… (142)
第四节　内蒙古广播电视台社会责任提升策略 ……………… (144)

第十二章　云南广播电视台 …………………………………………… (146)
第一节　云南广播电视台基本情况 …………………………… (146)
第二节　云南广播电视台社会责任现状 ……………………… (148)
第三节　云南广播电视台社会责任存在的问题 ……………… (155)
第四节　云南广播电视台社会责任执行力的提升路径和方法 …… (156)

互联网、新媒体篇

第十三章　人民网社会责任报告 ……………………………………… (158)
第一节　人民网基本情况 ……………………………………… (158)
第二节　人民网执行社会责任现状 …………………………… (159)
第三节　执行社会责任存在的问题 …………………………… (165)
第四节　媒体社会责任执行力提升路径 ……………………… (167)

第十四章　百度社会责任报告 ·· (169)
第一节　百度基本情况 ··· (169)
第二节　百度社会责任现状 ·· (171)
第三节　百度社会责任存在的问题 ·· (176)
第四节　百度社会责任执行力的提升路径和方法 ······························ (178)

年度观察

第十五章　今日头条社会责任报告 ·· (183)
第一节　今日头条概况 ··· (183)
第二节　今日头条社会责任践行情况 ·· (186)
第三节　今日头条履行社会责任存在问题 ···································· (190)
第四节　践行企业社会责任提升路径与方法 ·································· (192)

第十六章　中国传媒社会责任研究地图 ·· (194)
第一节　中国传媒社会责任研究背景 ·· (195)
第二节　中国传媒社会责任研究地图概况 ···································· (196)
第三节　中国传媒社会责任研究地图主体分析 ································ (198)
第四节　中国传媒社会责任研究地图亮点分析 ································ (201)

参考文献 ·· (204)

总报告

第一章 中国试点媒体社会责任总报告

黄晓新　刘建华　邱　昂[①]

本报告聚焦于年度试点媒体和具有代表性的国内传媒企业，运用"中国传媒社会责任履行状况指数"评价系统，全面、深入地描述和分析了我国媒体社会责任实施的现状，试图找出制约我国媒体社会责任履行的关键问题，探讨加强我国媒体社会责任执行力的途径和方法。通过媒介传播社会责任，促进传媒产业健康发展。

第一节　研究方法和技术路线

媒体社会责任指数是对媒体社会责任管理体系的建设现状和信息披露的水平进行评估的综合评价指数。中国（试点）媒体社会责任指数（2018）的研究路径是：基于舆论引导和社会监督、市场责任、社会责任、责任管理的理论模型；参考国际和国内企业社会责任倡议建立媒体社会责任指标体系；从媒体社会责任报告、企业年度报告、企业单项报告、官方网站和一些权威媒体报道等渠道获得传媒企业2017/2018年度关于社会责任履行状况的信息；对资料和数据进行内容分析和定量分析，相应得出媒体社会责任发展指数初始得分，再依据企业创新责任管理和社会责任相关奖项获得等信息酌情在初始分数的基础上进行调整，最终得出媒体社会责任指数得分与排名。

[①] 黄晓新，中国新闻出版研究院党委书记、副院长；刘建华，中国新闻出版研究院传媒研究所执行所长、研究员；邱昂，中国新闻出版研究院传媒研究所助理研究员。

1. 理论模型

本研究遵循理论模型（图1-1）共分为：舆论引导与社会监督责任、市场责任、社会责任、责任管理四个板块。其中舆论引导与社会监督责任处于核心位置，是媒体社会责任实践的核心内容。媒体的舆论引导其内容包括：思想政策宣传、重大会议报道、经济社会问题的关注和突发性公共事件报道；社会监督主要强调关于负面新闻的报道。责任管理位于模型的基部，主要包括责任战略、责任治理和责任绩效。社会责任为模型的左翼，包括公益慈善、员工关爱、依法经营和环境责任。市场责任是模型的右翼，包括与企业经营和经济业务密切相关的指标，比如总资产、营业收入和股东权益。

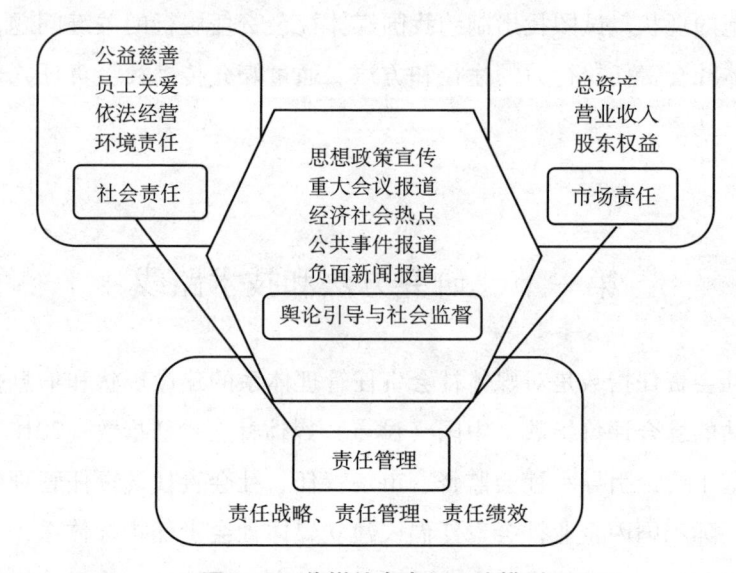

图1-1 传媒社会责任理论模型

2. 指标体系

（1）指标参考

本报告参考的国际企业社会责任倡议和指标体系，主要包括国际标准化组织颁布的社会责任指南（ISO26000）、全球报告倡议组织（GRI）发布的可持续发展报告指南等；参考的国内企业社会责任指南主要包括《中国企业社会责任报告编写指南之一般框架》；参考企业报告的相关数据主要涉及企业年度社会责任报告、年度报告和季度报告等。

（2）指标体系

责任板块	一级指标	二级指标
舆论引导与社会监督责任	舆论引导	思想政策宣传
		重大会议报道
		经济社会发展
		公共事件报道
	社会监督	负面新闻报道
市场责任	总资产	—
	营业收入	—
	股东权益	—
社会责任	公益慈善	公益报道
		慈善捐款
	员工关爱	保障从业人员合法权益
		履行人文关怀责任
	依法经营	遵守职业道德
		安全刊播
		合法经营
	环境责任	—
责任管理	责任战略	—
	责任管理	—
	责任绩效	—

（3）指数加权与评分

媒体社会责任指数的赋权与评分主要包括以下五个步骤。

1）对每类责任板块下的具体指标进行赋权。

2）逐一确定舆论引导与社会监督责任、市场责任、社会责任和责任管理四个责任模块的权重。

3）依据各媒体社会责任执行现状与信息披露状况，评出各项内容板块下每一个指标的分数。

4）依据每个责任板块的得分和权重，计算出社会责任指数的初始得分。

5）初始得分加上调整项分数后的总和即为媒体社会责任综合得分。其中，调整项包括年度媒体社会责任相关奖项和创新实践的社会责任管理的奖励分值。

3. 数据来源

本研究的信息来源主要包括四类：2017—2018 年度企业社会责任报告、年度报告、单项报告以及权威媒体的新闻报道。试点媒体社会责任相关评估信息收集的截止日期为2018年6月30日。

第二节　试点媒体社会责任指数排名

自2014年6月中国记协向社会发布第一批试点媒体（11家）社会责任报告以来，试点范围逐步扩大，各媒体社会责任意识进一步增强，2017年，媒体社会责任报告单位增至40家，包括6家中央媒体和1家全国性行业媒体，全国29个省份33家地方媒体。包括经济日报、中央电视台、中国青年报、人民网、新华网、中国新闻网、国家电网报、北京青年报、天津日报、河北日报、山西日报、内蒙古广播电视台、包头日报、辽宁日报、辽宁广播电视台、吉林日报、黑龙江广播电视台、解放日报、新华报业传媒集团、浙江卫视、安徽日报、福建广播都市生活频率、江西日报、齐鲁晚报、河南日报、湖北日报传媒集团、湖北广播电视台、湖南广播电视台、南方日报、广西日报传媒集团、南国都市报、重庆日报、四川日报、贵州日报、云南日报、云南广播电视台、陕西日报、兰州晨报、青海日报、宁夏日报报业集团。其中，中国新闻网和山西日报是2017年新增试点单位。本部分选取40家试点媒体作为研究对象，根据前述社会责任评价指标和评分步骤，对试点媒体进行社会责任履行状况评估，以下为2017年度试点媒体社会责任排名。

表1-1　2017年试点媒体社会责任排名

排名	媒体名称	性质	指数得分
1	中央电视台	事业单位	93.85
2	新华网	上市公司	92.25
3	人民网	上市公司	91.66
4	经济日报	事业单位	90.95
5	中国青年报	事业单位	90.75
6	中国新闻网	事业单位	89.85
7	湖南广播电视台	事业单位	88.68
8	北京青年报	事业单位	88.25
9	南方日报	事业单位	87.42

续表

排名	媒体名称	性质	指数得分
10	河北日报	国企	86.42
11	天津日报	事业单位	85.92
12	解放日报	国企	85.55
13	国家电网报	国企	84.95
14	河南日报	事业单位	84.45
15	浙江卫视	事业单位	83.27
16	湖北广播电视台	国企	83.18
17	湖北日报社	事业单位	83.05
18	重庆日报	事业单位	82.25
19	内蒙古广播电视台	事业单位	82.05
20	宁夏日报报业集团	事业单位	81.29
21	贵州日报	事业单位	80.42
22	辽宁日报	事业单位	80.28
23	四川日报	事业单位	80.11
24	云南日报	事业单位	80.08
25	辽宁广播电视台	国企	79.95
26	新华报业传媒集团	国企	78.83
27	广西日报传媒集团	事业单位	78.25
28	江西日报	事业单位	78.23
29	山西日报	事业单位	77.95
30	吉林日报	事业单位	76.98
31	福建广播都市生活频率	事业单位	75.17
32	安徽日报	事业单位	74.25
33	云南广播电视台	国企	74.05
34	南国都市报	事业单位	73.21
35	陕西日报	事业单位	72.08
36	黑龙江广播电视台	事业单位	71.82
37	青海日报	事业单位	70.95
38	齐鲁晚报	事业单位	70.83
39	兰州晨报	事业单位	69.96
40	包头日报	事业单位	69.77

第三节　试点媒体社会责任的年度特征

2017年，试点媒体社会责任指数为81.23分，总体社会责任履行状况良好，逐步建立社会责任管理制度，总体社会责任信息披露相对完整，在一定程度上起到行业示范作用。

（一）社会责任指数位于80分以上的媒体共有24家（60%），四成媒体社会责任指数低于80分。

（二）排名前十的媒体，其中七家中央级媒体，整体表现相对较好，平均社会责任指数为90.61分。

（三）舆论引导与社会监督责任指数得分普遍高于市场责任指数和责任管理指数；社会责任指数优于市场责任和责任管理指数；责任管理指数相对于市场责任指数得分较高。

（四）国有企业和公共事业机构在披露财务数据相关方面明显不足。

媒体关注度的排序依次为：舆论引导、依法经营、社会监督、员工关爱、公益慈善、责任管理、市场责任。一些上市公司，更加注重股东权益，而其中大部分国有企业和公共事业机构，相对较少披露财务和管理类信息。

第四节　试点媒体社会责任的总体状况分析

各媒体深入研究、宣传和贯彻了习近平总书记一系列重要讲话的精神，为党和国家的工作大局服务、为人民群众服务，增强了传播力、引导力和公信力，更好地为党和国家服务，承担了社会责任。以下分别从四个方面：公众舆论引导与社会监督责任、市场责任、社会责任和责任管理来分析试点媒体社会责任的整体履行情况。

（一）舆论引导与社会监督责任

发挥主流媒体的作用，高度重视社会责任体系的建设和完善。

2017年，媒体贯彻以习近平同志为核心的党中央的重大决策部署，牢记新闻舆论工作"48个字"职责使命，坚定正确的政治方向，认真宣传好习近平在新时期的中国特色社会主义思想和党的十九大精神。

1. 深入研究和贯彻习近平新时代中国特色社会主义思想，传递社会的正能量。

本年度，各媒体深刻把握习近平新时代中国特色社会主义思想这一主线，认真组织重大主题报道，全力挖掘内容资源，全方位、立体式、多元化地对习近平新时代中国特色社会主义思想和党的十九大精神展开解读。在迎接、宣传和贯彻十九大中开展主题宣传，解读会议精神，深入学习贯彻习近平新时代中国特色社会主义思想。在全国"两会""一带一路"国际合作高峰论坛等重大新闻事件和突发社会热点事件中，加强宣传报道和舆论引导工作，传递了社会正能量。坚持正确政治方向和舆论导向，深耕原创内容，创新报道形式，多渠道输出精品报道。

2. 针对重大社会问题，加强舆论监督。

媒体报道形成社会关注的焦点，并产生积极的社会影响。比如，2017年全国"两会"期间，多家媒体以创新融合报道方式，图文直播和视频直播为核心，同时结合报纸深度报道、网站"两会"专题、电子杂志两会微刊、微信特辑、微视频专题等多样态报道形式，形成了全媒体、立体化的两会报道、传播态势。

3. 加强国际传播，对外阐释好中国道路，传递好中国声音。

弘扬主旋律，传递正能量，面对网络谣言与社会热点，及时发声，妥善引导，积极履行营造风清气正网络空间的正确引导责任。以高度的政治责任感，创新主题报道，及时做好习近平总书记系列重要讲话及重要活动、香港回归20周年、金砖国家领导人会晤、中国人民解放军建军90周年、第四届世界互联网大会等宣传报道，壮大了主流舆论的网络阵地。

4. 传播正能量，妥善引导热点，营造风清气正的网络空间。

鉴于一些网络自媒体和个人热衷于炒作热点事件，"标题党"屡现网端，更有甚者，隐瞒事实真相、刻意误导，主流媒体做到了及时发声辟谣，积极引导。比如在河南濮阳踩踏事故、西安地铁问题线缆等事件发生后，媒体及时刊播权威部门声音，为推进真相传播以正视听起到了良好的引导作用。

（二）市场责任

媒体不断完善治理结构，促进机制体系创新，建立和完善具有文化特征和文化特性的现代企业制度。

第一，不断提高公司治理水平。如按照公司法、证券法等法律法规的要求，完善股东大会、董事会、监事会等治理结构和制度，按照有关法律法规、公司章程的规定以及股东大会议事规则的要求，履行召集、召开、表决的法律程序，确保股东平等、充分行使自身权利。同时完善内部控制制度，优化内控的内容和过程，确保企业的规范运作。

第二，加强投资者关系管理。制定投资者关系管理措施，通过互动平台及时并耐心解答投资者的问题，定期发布投资研究动态报告，加强与投资者的沟通，保护其权益，并不断提高投资者关系管理水平。

第三，尊重利益相关方的合法权益。制定社会责任制度体系，坚持诚信、公平、公正的原则对待公司的利益相关方，维护股东的利益并充分尊重和维护客户以及其他利益相关者的合法权益，共同促进媒体的持续、健康发展。

（三）社会责任

1. 履行人文关怀的责任

秉持主流媒体职责，以人为本关注帮扶弱势群体，倡导节目厚植公益，发挥媒体优势和舆论引导作用，大力开展公益传播。关注民生问题，深入贫困地区推进精准扶贫工作，给予物资经费支持、推进基础设施建设以及引导产业扶贫。

2. 履行保障新闻从业人员权益责任

严格遵守《劳动法》《劳动合同法》《社会保险法》等各项法律法规。按规定与从业人员签订劳动合同，并为员工足额缴纳"五险一金"，保证合法工作时间，组织全员健康体检。坚持以人为本原则，依法保障职工合法权益，落实机关事业单位养老保险政策，履行各项假期规定等。

重视人文关怀，加强民主管理。对内推行以人为本的管理，提高员工的生活水平，促进员工的全面发展和人的价值的实现，充分保障职工的知情权、表达权、参与权和监督权。开展企业文化建设，丰富职工精神文化生活，通过开展各类文体活动，提升团队凝聚力。重视员工培训学习，促进员工的成长和发展。注重改善职工工作、生活环境，营造良好工作氛围。改善基础设施条件，改善职工居住环境和工作环境。关心职工身心健康，定期组织职工体检。关注困难职工生活，通过党群工会等组织，为困难职工提供帮助，解决困难和问题。

完善人事制度和激励约束机制。坚持党管人才原则，规范工作人员公开招聘工作，强化对工作人员德能勤绩廉等的考核和对经营单位的量化与非量化指标考核。按照严格的组织程序选拔干部，把竞争法则运用到考核奖励、评先评优、职务晋升等方面。

3. 履行合法经营和安全刊播责任

加强审查自律。严格遵守相关法律法规，加强管理，强化审查，从严把关。积极落实意识形态主体责任，及时发现问题、解决问题。始终把"讲政治、管队伍、守纪律"作为政治要求和工作要求，坚持恪守新闻采编、报道评论、转载传播、广告刊播等方面的从业准则，加强新闻采编人员教育培训，抓制度建设和内部管理、根据新形态、新变化，及时修订完善制度，对岗位工作职责进行严格规范，并不断完善制度、加强自媒体管理。积极强化采编队伍新闻职业道德教育和从业准则教育，杜绝虚假报道或有偿新闻，加强新闻从业人员思想建设。夯实安全生产基础，严格把关防错。规范广告等经营行为，加强广告市场监管，严厉打击虚假违法广告，保护消费者权益。同时健全广告审查制度，采取有效审查管理办法，严把广告审查关，通过内部管理确保有效履行媒体社会责任。严格按照税法规定，按时足额缴纳各项税费，未发生工商、税务等行政处罚事项。

（四）责任管理

2017年，试点媒体社会责任报告的内容主要包括正确引导责任、提供服务责任、人文关怀责任、繁荣发展文化责任、安全发布责任、遵守职业规范责任、合法经营责任、保障员工权益责任几个方面。

首先，企业严格按照法律法规、制定相关规范和要求，坚持贯彻依法治企，保障企业的规范化运作及决策的有效贯彻执行；第二，强化党建工作和责任意识建设，落实主体责任，通过座谈学习和党性教育活动，加强党的建设和党风廉政建设，健全组织架构、制定管理制度、落实主体责任，通过开展马克思主义新闻观培训、两会专题报道培训、采编人员专业培训等课程，提升内容水平、提升开展党务工作的思想认识水平，为全面提升支部和基层工作水平奠定了基础；第三，强化领导考核制度，发挥民主监督职能，通过高级管理人员薪酬状况公示、创新考核激励制度等措施，提高社会责任绩效的考核占比；第四，设立人才引进专项资金制度，促进企业市场化运营；第五，完善企业内部审计机制，通过同会计事务所合作，深入了解公司财务、经营和发展状况，对公司财务报告、公司治理以及重大投资事项等做出客观的判断，从而做出更科学合理的决策，推动公司持续健康稳定发展。

从目前披露的信息来看，媒体责任管理状况多见于企业网站和一些宣传报道中，社会责任战略方面，比如积极推进全民阅读，但在责任治理和责任绩效方面缺少有效的评估，抑或是内部有评估机制，但在各种披露的信息中没有体现出来，在试点媒体社会责任专项报告中也缺乏对于责任战略、责任治理、责任绩效方面的详细介绍。

第五节　试点传媒社会责任存在的问题

第一，践行慈善公益的能力和服务社会的意识还需要进一步提升。在大力弘扬公益精神、践行公益慈善事业方面，许多机构需要加大力度。比如，履行提供服务责任时线上线下用力不均，服务公众的能力和经验欠缺，未能搭建起与网友深入互动的平台。服务社会的意识需进一步提升，适应我国经济发展新常态，把握社会发展脉搏，满足受众的需求，了解社会舆论关切，扩大报道的范围和视野，及时准确回应社会热点。

在履行提供服务责任方面，服务意识不足，在贴近百姓生活方面需进一步加强。特别是对偏远地区、企业职工、社区生活的反映相对较少，报道内容与百姓生活仍然存在距离，表达不够生动、具体等。在服务社会民生，展现人文关怀，发挥好舆论监督和热点引导，促进社会和谐稳定方面仍有一定差距。

第二，传统媒体与新媒体尚需深化融合度。履行引导责任中的融合创新能力不足，媒体融合步伐不够快、效果不明显。在目前的移动互联传播背景下，传播技术日新月异，虽然在新媒体内容形态上积极发展新产品，但与新技术、新应用相结合的能力有待提升，新媒体思维意识和实现能力方面仍有欠缺，创新脚步跟不上用户需求，缺乏"现象级"的爆款新媒体产品，导致内容传播效果未能最优。媒体融合转型有待进一步深入。尽管去年媒体融合工作取得了重要进展，但推进越是深入，遇到的情况和问题也就越多。比如人员上，如何打破传统思维和工作习惯，如何更新知识提升技能；机制上，如何落实考核改革，如何建立新的有效流程；技术上，如何与融合传播的需求紧密衔接，以及融合传播如何与经营发展协调推进的问题都有待解决。

推进"融合发展"不充分，新闻宣传与新媒体的融合、联动意识较强，非新闻节目融合创新的敏锐度、互动感，新媒体推广和舆情应对的专业性、适应性，还存在意识不到位、能力不同步的情况。现象级节目的生态链有待进一步打通。节目构思创意、开发制作、推广营销、数据监测和新媒体介入需开放联动，融合格局仍有待提升。目前普遍存在创新能力不够强，与读者用户思想实际结合不够紧密，融入度不够，媒体融合发展的步伐跟不上受众需求和转型发展的需要，距离习近平总书记关于媒体融合"融为一体、合而为一"的要求还存在差距。一些机构在媒体融合的顶层设计、制度建设、技术支撑、人才培养、考核体系等方面都还比较欠缺。另外，领先的新媒体技术应用不够，在大数据、云计算、用户画像、智能推送、VR、AR等技术方面还存在一些薄弱环节。

第三，人才队伍的缺失。随着媒体融合步伐的加快，采编队伍业务能力建设需进一步加强。目前，新旧媒体融合发展迅速，对编辑队伍的工作经验、专业知识结构等综合素质提出了更高要求。在人才队伍建设方面，人才结构不合理，缺少专业化人才和经营管理人才，无法满足创新宣传形式方法手段、加快推进媒体融合发展等任务的需求。存在着结构性人才缺失问题，融媒体建设缺技术人才、缺制作人才、缺运营人才。很多机构的新媒体技术人才和全媒体采编人才比较缺乏，在人才储备上还有较大空缺，存在人力资源配备不合理、人员年龄结构老化、后备力量不足等问题。还有些机构内部尚未建成适应媒体融合发展的人才管理体系，采编系统的青年业务骨干力量不足，行政后勤系统人员整体能力素质偏低，驻地机构基础建设薄弱，直属单位领导班子建设需加强等问题。另外，新闻专业人才流失问题比较严重，高素质专业化干部人才队伍建设相对滞后，推进现有业务人员向融合型人才转型力度不够等问题普遍存在。多数媒体由于事业单位管理方式的限制，绩效考核的薪酬激励不足，人才流动较快，不利于队伍稳定和工作品质的保障。很多机构的高素质专业人才较为缺乏，尤其是高端新媒体技术、经营、管理人才严重不足，制约着媒体融合发展。

第四，多元化经营水平较低。很多机构收入结构较为单一，对传统广告业务依赖程度较高。产业实力不强、基础薄弱、市场主体"小、散、弱"的问题比较突出。随着传统媒体广告份额一路缩水，多元产业利润空间大幅压缩，一些新产业尚未形成核心竞争力，投资项目不能立刻出效益。许多新媒体盈利模式不够清晰，传统媒体仍处在寒冬，面对新业态、新形势的不断挑战，打破瓶颈、转型升级、创造全新赢利模式依然是重要的课题。

第六节 关于试点媒体提升社会责任执行力的几点建议

2018年是全面贯彻落实党的十九大精神的起点，是改革开放40周年，全面建设小康社会、实施"十三五"规划关键的一年。

（一）加强舆论引导力，提高服务水平。进一步研究、宣传和贯彻习近平总书记的中国特色社会主义思想、党的十九大精神、"两会"精神，把握改革开放40周年和其他重要宣传节点，高举旗帜，牢记职责使命，做优主流宣传，着力提升舆论引导能力，提升产品内容质量。进一步发挥媒体优势，着力推动习近平新时代中国特色社会主义思想深入人心，提高新闻宣传舆论引导水平。坚持以人为本、真实客观报道，深入社会生活，反映群众心声，不断增强新闻报道的吸引力感染力，营造正能量充沛的网上舆论氛围。树立以用户为中心的服务理念，增强服务意识、提高服务水平、创新服务模式、满足用户需求，提供更高品质的产品和更有价值的服务。为适应分众化和差异化的传播趋势，应根据不同层次、不同群体、不同受众进行精准传播，从而提升传播的效果。努力推出有思想、有温度、有品质的新闻作品，切实提高党的新闻舆论传播力、引导力、影响力和公信力。

（二）推进融合发展水平。党的十九大报告提出"高度重视传播手段建设和创新"，加强资源整合，推进全方位合作共享。深入推进媒体融合，切实加强阵地建设和管理，把意识形态工作责任制落到实处。努力推进媒体融合，不断提升传播力。把能力建设贯穿工作始终。全面提升市场服务能力。创新商业模式，培育传媒新业态，提升融媒经营力。熟悉和掌握新技术，抓住大数据应用方向，构建和培育新型产业形态，迈向智能传媒新时代。在新闻工作中勇于创新，积极推动融合发展，努力推进报业转型发展，依托报纸品牌，加强资源整合，延伸拓展经营业务，实施多元化经营，提升报业综合实力。

（三）推进各机构体制改革和机制创新，促进企业治理转型升级。加快推进企业改革，加快构建公司管理体制和运营机制。运用市场化、法治化手段，继续推进传媒供给侧结构性改革，突出抓好传媒主业，进一步壮大文化创意、文化地产等支柱产业，努力实现更高质量、更有效率和可持续性的发展。

（四）强化机构内部管理和人才建设。需建立更为完善的规范管理制度，落实好从业人员有关保障权益。加强企业文化建设，加大人才培养力度，建立有效奖惩机制，进一步深化人事制度和薪酬制度改革。切实加强人才队伍建设，提高政治素质和业务能力，推进建立和完善人才引进和培养机制，以忠诚廉洁有担当、高素质专业化为标准，加强马克思主义新闻观、经济观和新媒体业务的培训力度，为青年从业者的成长创造条件并努力打造出讲政治、有情怀、高素质、专业化的新型主流媒体队伍，推进各项管理的科学化、规范化、制度化运营，激发创新活力，不断提升舆论阵地管理水平。

专题报告

出版集团篇

第二章 中国出版集团社会责任报告

魏国彬[1]

内容提要：2017年是中国出版集团公司（后文简称中版集团）进入股市实现转型发展的第一年。本报告主要采取文献梳理法和统计分析法对中版集团旗下的出版机构及其出版物进行内容分析，以集团网站为资料来源考察中版集团图书出版业务经营状况和集团建设情况，目的是评估中版集团社会责任履职情况，探索出版机构履行社会责任的路径和方法。2017年度，中版集团坚持把国际传播能力建设放在第一位，积极推进数字化转型，深入实施一带一路走出去战略，努力履行社会责任和市场责任。但是，中版集团还与国家级出版航母地位存在一定差距，社会责任执行能力还有待提升。

关键词：中国出版集团 社会责任 报告

第一节 中国出版集团基本情况

2002年，中版集团正式成立。作为国家级的主要出版航母，中版集团是国家图书出版业的风向标，它的发展方向意味着国家图书出版业的发展导向。因此，中版集团的发展情况格外引人瞩目。

中版集团是国务院授权成立的国有大型传媒企业，二级子公司包括中国出版传媒股份有限公司（后文简称中国出版）、中国对外翻译有限公司、新华书

---

[1] 魏国彬，博士，安徽财经大学艺术学院院长，教授，主要研究方向为文化产业、非遗保护与文献学。

店总店等7家，二级独立单位30家。其中，中国出版不仅包括中华书局、商务印书馆、三联书店等"老字号"知名出版机构，还下辖人民文学出版社、人民音乐出版社、人民美术出版社等"人字头"品牌出版企业。中版集团的主营业务包括纸质图书出版、图书物流与发行、数字出版等多种出版印刷发行业务。图书出版业务以15家中版好书上榜出版社为经营主体，发行业务以新华书店总店、新华联合发行有限公司和中国图书进出口（集团）总公司（后文简称中图公司）为主要经营实体，拥有图书出版发行的完整产业链。

表2-1 中国出版集团公司二级单位类型统计一览表

序号	单位类型	数量（家）	占比
1	出版社	15	50%
2	报刊社	1	3.33%
3	物流发行企业	4	13.33%
4	印刷物资企业	2	6.68%
5	数字文化传媒企业	7	23.33%
6	其他企业	1	3.33%
合计	6	30	100%

（资料来源：根据中版集团网站组织结构图整理）

2017年，中版集团业绩斐然，综合实力名列前茅。2017年，中版集团进入2016年度第四届世界媒体500强排行榜榜单，名列2016第11届亚洲品牌中国品牌500强排行榜第29名，入列第九届"文化企业30强"名单。7月17日，中版集团下辖的数字传媒有限公司主办的"漫像文化节"入选第五届北京惠民文化消费季时尚品味板块，"咪呀之星"荣列书香艺韵板块。9月9日，中版集团名列第十二届亚洲品牌500强第63位，中国出版入选中国上市公司创新品牌100强。11月17日，中华书局有限公司（本部）在全国精神文明建设表彰大会上获得"第五届全国文明单位"称号。12月6日，在"未来传播"2017年度推荐盛典上，《三联生活周刊》荣获2017年度"探索力推荐媒体"奖。2017年，中版集团保持稳中求进的良好增长势头。初步财务季报显示，集团营业收入119.0亿元，增幅16.29%；利润总额9.1亿元，增幅13.67%；净资产124.1亿元，增幅22.85%；总资产约为210.3亿元，增幅14.80%。

表2-2 中版集团财务增幅情况一览表

序号	财务项目名称	资金数额（亿元） 2016年	资金数额（亿元） 2017年	增幅
1	营业收入	103.76	119.0	16.29%
2	利润总额	9.09	9.1	13.67%
3	净资产	109.27	124.1	22.85%
4	总资产	192.84	210.3	14.80%

（资料来源：根据中版集团网站领导关注整理）

2017年，中版集团重视出版精品图书，精品图书频频获奖。1月13日，商务印书馆的《花与树的人文之旅》、人民文学出版社的《北鸢》、中华书局的《中国文化的根本精神》等6种图书入选中国出版年会2016年度中国30本好书。1月22日，商务印书馆《花与树的人文之旅》《世界是通的："一带一路"的逻辑》、中华书局《古书之爱》等6种图书上榜2016年度"大众喜爱的50种图书"。4月2至3日，中版数字传媒有限公司的《钟馗传奇》获中国（北京）动漫游戏嘉年华最佳原创国漫奖。4月23日，中华书局的《〈资治通鉴〉与家国兴衰》、人民文学出版社的《北鸢》、人民音乐出版社的《古乐之美》等6种图书荣膺2016年度"中国好书"榜单。5月5日，中华书局的《史记（修订本）》、人民文学出版社的《杜甫全集校注》等3种图书获首届宋云彬古籍整理奖。5月31日，人民文学出版社的《曲终人在》、商务印书馆的《钱锺书手稿集·外文笔记》等18个项目获第四届中国出版政府奖。9月17日，《抗日战争》荣获第十四届"五个一工程"奖。9月20日，中华书局的《辽史》、人民文学出版社的《潘德舆全集》等15种图书获2016年度全国优秀古籍图书奖。12月7日，人民文学出版社出版的《青春期动物》获"2017德译中童书翻译奖"。12月12日，现代出版社出版的《马克思主义哲学智慧》获"第五届马克思主义研究优秀成果奖"。

2017年度，中版集团发生的重大事项主要有经销商大会、重点实验室挂牌、A股上市、6大纪念和领导视察等。1月10日，中版集团在第五届经销商大会暨营销创新论坛上发布"中版好书2016年度榜"和"2017年度中版集团重点图书"，举行出版融合发展重点实验室挂牌仪式。8月21日，中国出版在上海证券交易所主板成功上市交易，股票名称简称为"中国出版"，股票代码是"601949"。6大纪念包括商务印书馆120周年、中华书局105周年、三联书店85周年、新华书店80周年、华文出版社30周年、中版集团15周年等6大机构举办的纪念活动。5月18日，新华书店在北京举行纪念成立80周年座谈会，中共中央政治局委员、中央书记处书记、中宣部部长刘奇葆出席纪念座谈会并作重要讲话，陪同出席的还有黄坤明、庹震、聂辰席等中央宣传部和国家新闻出版广电总局的主要领导。2017年度，出席公司活动和考察公司的还有韩国总统文在寅和夫人金正淑，联合国教科文组织总干事伊琳娜·博科娃等。在人事上，人民文学出版社原总编辑屠岸逝世，中版集团面向全社会招募2017年数字化重点项目领军人才，面向全集团公开选拔集团第三届团委书记候选人。

第二节　中国出版集团社会责任现状

把握政治导向和舆论引导，抓好主业经营和经济效益，强化责任管理和能力建设，服务党和国家发展大局，这是国有大型传媒企业义不容辞的责任和义务。2017年，中版集团紧紧抓住一带一路主题，贯彻落实走出去战略，创新丰富市场营销发行活动，转型开拓数字出版，全面拓展战略合作，社会效益和经济效益成效显著。

一、舆论引导与社会监督责任

高度重视主题出版，打造精品主题图书。2017年，商务图书馆是一带一路主题图书出版的主要阵地，相继出版《一带一路》《"一带一路"大数据报告（2017）》《中国道路与简政放权》等10种主题图书。5月31日，借助第27届全国图书交易博览会在廊坊举行之际，商务印书馆举办"一带一路"主题图书读者见面会，强势推介主题图书。其他10余家出版社也坚持弘扬社会主义核心价值，纷纷出版主题图书，如人民文学出版社出版《幸存者》，华文出版社出版《大国来了》，三联书店出版《良训传家》等10余种主题图书。《不忘初心孝行天下》发行50万册，《红星照耀中国》发行270万册，入围年度"中版好书"的18种主题图书平均印数近20万册，主题出版成效显著。

坚持实施走出去战略，不断提升国际传播能力和水平。2月28日，中版集团联合相关单位主办"向世界讲好中国故事"高峰论坛，启动公益基金"中国故事全球传播千万亿基金"，支持中国故事全球传播。重视参加国际书展，借助国际书展策划发行营销组合拳，相继参加英国伦敦、阿联酋阿布扎比、德国法兰克福等7大国际书展。例如，中版集团联合伦敦书展等多家机构在伦敦主办2017国际出版企业高层论坛伦敦峰会，面向国际出版行业发布了"中国出版大数据报告""中国百科进美国"项目和"外国人写作中国计划"，举行"外国人写作中国计划"系列新书首发仪式、国际编辑部揭牌仪式、欧洲汉学家恳谈会、史籍影印本《顺风相送·指南正法》新书发布会。在第27届阿布扎比国际书展上，中图公司举行中阿数字出版交流会，中译出版社联合埃及萨玛出版社等举行《"一带一路"：共创欧亚新世纪》阿语版新书发布会。重视图书国际化运作，强化国际图书的发行营销。探索走出去的方式方法，不断开拓走出去的有效路径；借助国内平台构建走出去机制，以请进来的方式深化走出去成效，以版权输出的形式开拓走出去的路径。例如，在第24届北京国际图书博览会期间，中国出版举办"中华图书特殊贡献奖专家恳谈会"、中瑞心理成长图画书创作交流会和"少数民族文学国际翻译出版论坛"，举行"2017中国图书海外馆藏影响力报告"、英文版"农民三部曲"、英文版《宋慈大传》第一卷和中国少数民族作家海外推广计划发布会，与拉奥出版社、海王星出版社等多家国外出版机构签约成立7家国际编辑部，签约输出《丝绸之路研究》和《御窑千年》英文版等。11月7日，中版集团还召开走出去工作会，总结5年来走出去工作的成就和绩效。

大力推介出版规划项目，发挥出版工程引领作用。2017年初，中华书局正式启动专业数据库产品"中华经典古籍库"上线个人专业版，重大工程项目《辞源》第三版推出优盘版和网络版。3月16日，中国民主法制出版社承担的国家出版基金重大项目《中国特色社会主义法律体系立法纪实》顺利通过验收。4月19日至20日，研究出版社赵卜慧总编辑在"第三届全国高校马克思主义学院院长高端论坛"上推介重点工程项目《马克思主义经典著作导读系列丛书》。5月13日，东方出版中心梁惠编审在唐凯麟教授从教55周年学术研讨会上重点介绍《中华民族道德生活史》的出版与获奖情况。7月18日，中央档案馆和中华书局在中国人民抗日战争纪念馆联合举办国家出版基金项目重大项目《中央档案馆藏日本侵华战犯笔供选编（第二辑）》首发仪式。8月8日，国家大型出版工程项目《中国大百科全书》第三版正式启动《中国原产地物产百科》项目。9月8日，中共中央政治局委员、中央书记处书记、中宣部部长刘奇葆出席中国大百科全书第三版总编辑委员会成立大会并讲话。12月15日，商务印书馆、北京语言大学在商务印书馆联合举行《中国语言文化典藏》（20卷）新书发布会。

精心策划组织重点选题，正向引导舆论氛围。为了贯彻落实《关于实施中华优秀传统文化传承发展工程的意见》精神，中华书局发布《中华优秀传统文化经典阅读推荐书目》，提出打造"中华优秀传统文化专区"，编辑出版"中华优秀传统文化百部经典读本"。3月17日，中国美术出版总社联合有关单位主办"北京市中小学培育和践行社会主义核心价值观——连环画进校园工作座谈会"，大力弘扬中华优秀传统文化。3月20日，现代教育出版社在北京市第35中学举办《中外文化文学经典导读与赏析系列》新书首发式。3月27日，人民音乐出版社在北京主办《不忘初心 孝行天下》新专辑首发式和媒体见面会，传唱正能量。4月15日，中华书局在北京举办首届全国中华优秀传统文化教材交流研讨会。5月18日，现代教育出版社联合相关单位主办中国"家庭·家教·家风"家庭教育研讨会暨《N岁孩子N岁父母》新书发布会。5月31日，中华书局在河北廊坊举行"贯彻落实'两办'《意见》，让中华优秀传统文化走进书店——中华书局与图书发行界高层峰会"。9月，《中华优秀传统文化》教材在山东省中小学全面启用。另外，人民文学出版社、华文出版社、商务印书馆等多家出版机构也都配合当时社会热点举办各种形式的营销造势活动。

二、市场责任

重视策划图书营销活动，以图书排行榜的形式展示优质图书形象。1月10日，中版集团隆重举行第五届经销商大会，发布"中版好书2016年度榜"和"2017年度中版集团重点图书"两组重要榜单。1月12日，中国大百科全书出版社联合相关单位发起启动"中华优秀科普图书榜"评选活动。1月16日，新华书店总店联合相关单位举行2016年度热门阅读榜单发布会，发布2016年度热门阅读榜单和 2016 年度热门作家榜单。11 月 2 日，商务印书馆现场揭晓 2017 人文社科"十大好书"和"十大入围好书"。12 月 16 日，中华书局现场评选出本年度中华书局人文社科类十佳图书和古籍学术类十佳图书。其中，中版集团最重要的品牌图书排行榜是"中版好书榜"。"中版好书榜"按照分期榜和年度榜推介中版好书，分期榜每期约 25 种左右，年度榜 50 种。2017 年共计推出 147 本，主题出版类 6 种，学术文化类 63 种，文学艺术类 42 种，少儿生活类 36 种。

表 2-3 中版集团好书榜统计表

单位：种

期数	榜单总种数	主题出版类	学术文化类	文学艺术类	少儿生活类
一	25	0	12	7	6
二	25	0	11	9	5
三	24	0	11	7	6
四	25	0	12	6	7
五	25	0	11	7	7
六	23	6	6	6	5
合计	147	6	63	42	36

（资料来源：根据中版集团网站集团新闻整理）

积极开展图书评奖活动，评选精品图书代言中版质量，评选作品发掘优质稿源。3 月 14 日，王芳的《重叠功能模式的类型学研究》、吴波的《江淮官话音韵研究》入选 2016 年语言学出版基金资助项目。4 月 7 日，中版集团发布中版集团第八届出版奖获奖作品名单，人民文学出版社的《冯雪峰全集（1—12 卷）》、商务印书馆的《世界是通的——"一带一路"的逻辑》、中华书局的《中华传统文化经典百篇》等 14 种图书共计 86 种作品获奖。4 月 20 日，中版集团联合相关单位主办第二届海峡两岸网络原创文学大赛颁奖典礼。8 月 24 日，人民文学出版社和天天出版社联合主办第二届青铜葵花儿童小说奖颁奖仪式，洪永争的《摇啊摇，疍家船》、吴新星的《苏三不要哭》等 9 部小说获得青铜葵花儿童小说奖。另外，正式启动的各类评奖活动还有第三届"中译杯"全国青少年口译大赛、第三届"相遇最美诗词"中华之星国学大赛、第三届"伯鸿书香奖"等。

探索创新市场发行途径，以丰富多样的营销活动开拓图书发行市场。重视重要节会的平台价值，组合发挥营销活动的集束营销效应。在北京图书订货会期间，各出版社主动邀请作者参加新书首发仪式等，相继举办多场新作发布会，如刘明福新作《霸权的黄昏》、梁晓声新书《中国人的人性与人生》、徐则臣最新长篇力作《王城如海》等。坚持传统发行渠道，举办各种出版座谈会、读者见面会、新书发布会和首发式，精耕细作图书发行。在第27届全国书博会期间，中版集团联合国家新闻出版广电总局、河北省人民政府主办第十届"读者大会"，中华书局举行"中华优秀传统文化百部经典读本"丛书首发仪式，中国美术出版总社在唐山举行连环画专场活动，助推全民阅读。抓住节庆重要节点，开展阅读推广活动。在"4·23"世界读书日前后，中华书局举办"读者开放日"，三联书店联合多家单位主办"阅读马拉松"比赛，人民文学出版社联袂邀请多位著名播音员和文学编辑朗诵文学名篇名著、分享文学之美。重视组织图书参展，积极参加各种订货会、书博会和图书展，直接推介图书发行市场。例如，8月16日，中版集团和中国出版组织人民文学出版社、商务印书馆、中华书局、中国民主法制出版社等各家出版单位携8 000余种优质图书参展上海书展。另外，10月15日至17日，中国出版还在苏州召开全国重点经销商业务恳谈会，深入交流共赢发展。

大力推进数字出版转型，开拓新媒体业务发展。聚焦一带一路数字产业发展，全面探索数字产业发展。4月27日，中图公司携手有关单位在阿布扎比国际书展上举办易阅通阿语平台与中国科讯"一带一路"阿语版app发布仪式。在第24届北京国际图书博览会期间，中图公司举行"易阅通"一带一路推广发布暨启动仪式以及中国快讯启航——中国报刊走进"一带一路"发布仪式。11月16日，中版集团联合厦门市人民政府召开"一带一路"动漫游戏产业发展峰会，聚焦研讨动漫游戏产业国际合作。重视数字产品营销，大力开拓数字产品市场。新华书店总店联手相关单位成立"全国大中专教材经销商联盟"，致力推进教材网络采购。8月11日至13日，中版集团数字传媒有限公司联合多家出版社，参加中国网络文学+大会，设置精品IP展示区，举行优秀网络文学作品《咸雪》作者见面会和海峡两岸新媒体原创文学获奖作品《青果青》签售会。举办各种新媒体奖项赛事，构建数字化网络平台。例如，中版集团数字传媒有限公司联合多家机构举办第四届中国大学生新媒体创意大赛和第一届"咪呀之星杯"讲故事大赛。2017年，中版集团数字业务收入17.2亿元，同比增长35%，占总收入的14%。

全面拓展出版合作领域，努力强化出版战略合作。一是坚持实施走出去战略，开拓国际图书市场。在第27届阿布扎比国际书展开幕当日，中国出版集团公司与阿联酋、埃及等出版企业签署7项合作协议。7月底8月初，中国出版集团出访坦桑尼亚、肯尼亚和南非开拓非洲市场就斯瓦西里语版中华文化图书、编撰汉语教材、合作开办实体书店等初步达成6项合作意向。在2017北京国际图书博览会上，商务印书馆和荷兰博睿学术出版社、伊朗伊斯兰共和国文化联络组织签订战略合作协议，合作推进版权引进事宜；中图公司与泰勒—弗朗西斯、博睿两家国际知名出版商签订数字资源落地中图"易阅通"平台与数字化教学资源战略合作协议；中图公司举办"中国出版'走出去'联盟成立仪式"，签署"中国文化'走出去'战略合作协议"。二是强化业界出版合作，开辟图书出版合作领域。中国民主法制出版社与相关单位达成共同经营精品声音品牌战略合作事宜，中版集团与广东新华签订《中版好书百店千柜工程项目合作协议》，中译语通与海云数据签订人工智能技术与大数据战略合作协议。三是面向地方文化建设，增强服务地方意识。例如，中版集团与陕西学前师范学院、淮安市政府签订战略合作协议，中华书局与北京太平桥街道签署《文化共建协议书》。

创新出版发行经营举措，不断提升图书经营效益。改善提升图书发行经营实体，探索创新图书经营途径。春节前后，借势电视综艺节目《中国诗词大会》的热播发行销售古典诗词图书，提升诗词图书销量，《中国诗词大会》图书年度发行80万册。中华书局转型升级读者服务部，创办伯鸿实体书店；商务印书馆改造升级广西南宁阅读体验店，揭牌成立南宁涵芬楼书店；三联韬奋书店升级改造美术馆店，全面提升书店服务能力和质量。创新营销合作激励机制，激发落地书店经营活力。中版集团举行"中版好书百店千柜工程"工作会议，表彰和奖励广东新华发行集团等建设推进成效明显的发行企业和云南新华图书城等销售业绩突出的"百店千柜工程"优秀合作书店。另外，中国出版集团公司还与蔚蓝时代合作，共同推进"中版好书"专柜专台落地全国48家机场连锁书店。集思广益遴选审核选题，重视把关图书质量。中华书局组织召开《传统文化教师教学用书》编写研讨会，中国大百科全书（第三版）家纺分支编委会召开家用纺织品分支词条审稿会，华文出版社召开2018年度选题会，把好图书营销第一关。2017年,《芳华》全年发行40万册,《朗读者》全年发行70万册,《王城如海》《诗的八堂课》等中版好书市场销量喜人。

三、社会责任

持续组织图书捐赠活动,落实社会慈善大爱责任。2月11日前夕,商务印书馆在商务印书馆创立120年纪念生日会上向乡村捐赠图书1.2万册。2月21日,集团"恒爱行动"小队在喀什分别举办两场捐赠活动,共计捐赠500余件毛织品和700余册图书。在第46届伦敦书展开幕前夕,中版集团给英国汉普郡博航特中学赠送工具书、少儿书、汉语教材等100余册。4月19日,中国民主法制出版社等两家单位向海南省监狱管理局捐赠价值10万元的图书。5月13日,中版集团向旬邑县马栏齐心学校捐赠价值5万元的图书。5月31日,中版集团在第十届读者大会上向廊坊市图书馆等9家单位捐赠优秀中版图书。6月7日,中版集团向布加勒斯特大学图书馆赠送200余种优秀读物。6月15至16日,中国出版传媒商报社联合广西师范大学出版社等企业向桂林市龙胜县民族中学捐赠300多册优秀图书。

高度重视员工精神文化生活,切实增强企业的人文关怀。重视年度总结表彰联谊,激发员工工作积极性。1月中旬,中译出版社、商务印书馆、中国民主法制出版社、新华书店总店、东方出版中心相继召开各种类型的总结表彰会议,表彰奖励优秀个人和集体。抓住重要时间节点和节庆,开展丰富多彩的职工文体活动。三八妇女节,中译出版社组织"丝网花"的制作方法讲座;五四青年节,人民音乐出版社举办"17分享给你听"活动。2017年度,中华书局、中国民主法制出版社与研究出版社相继举办职工趣味运动会,丰富员工的文体生活。组织编辑出版业务培训,关心员工进步成长。例如,人民音乐出版社开展2017年度编辑校对人员业务培训、中版集团召开中青年骨干编辑出版座谈会,中国美术出版总社举办两期编辑出版业务培训等。

重视精准扶贫调研工作,落实"文教援疆"扶贫行动。调研精准扶贫,开展"文教援疆"。8月2日至4日,中版集团总裁、中国出版董事长谭跃率扶贫工作组赴青海省泽库县参加对口援建工作座谈会,赴恰科日社区而尖村参加集团援建连心桥通车仪式;参加图书捐赠仪式,向泽库县文化图书馆捐赠价值50万元共计1.4万余册图书;进行调研考察,慰问集团扶贫干部,走访而尖村3

户贫困群众。8月28日，中版集团和新疆教育厅共同举办的"华文书法教育暨中华文化研学旅行活动"结业仪式，持续推进中小学书法教师培训、援建华文书法教室、捐赠精品图书等扶贫工作。11月26日至12月2日，中版集团举办泽库县宣传文化系统干部综合能力提升培训班，提高泽库县宣传文化系统干部理论素养和工作水平，泽库县宣传文化系统干部40余人参加培训。

四、责任管理

强化党建工作，落实主体责任。一是部署开展巡视整改，强化责任意识建设。中版集团制定《中版集团巡视工作实施办法（试行）》，相继向人民文学出版社、荣宝斋、中图公司、中译出版社等单位派驻巡视组，分批开展集团内部巡视工作。3月3日，中版集团第一巡视组向荣宝斋和人民文学出版社党委领导班子反馈巡视情况；中版集团第二巡视组向中图公司和中译出版社党委领导班子反馈巡视情况。二是组织集体座谈学习，落实重点会议精神。组织各类学习传达会议与党性教育活动共84次：学习传达中央经济工作会议等上级会议精神和重要讲话25次，其中学习宣讲、贯彻落实十九大报告精神的各类会议22次；开展党员经常性教育活动17次等。组织学习宣讲十九大精神次数最多的单位是中版集团，共6次；其次是东方出版中心，共4次；新华书店总店和中国美术出版总社再次，各3次。

表2-4 中版集团各类会议与教育活动统计一览表

序号	会议主题	会议次数	类型占比
1	学习传达上级会议精神和重要讲话	25	29.76%
2	学习贯彻十九大精神	22	26.19%
3	开展党员经常性教育活动	17	20.24%
4	业务工作会议	5	5.95%
5	学习党内法规文件	4	4.76%
6	选举、纪念、民主生活等其他会议	11	13.1%
合计	6	84	100%

（资料来源：根据中版集团网站集团新闻整理）

表 2-5 中版集团十九大学习宣讲活动统计一览表

序号	单位名称	学习宣讲活动次数	排名
1	中国出版集团公司	6	1
2	新华书店总店	3	3
3	中国美术出版总社	3	3
4	东方出版中心	4	2
5	中国民主法制出版社	2	5
6	研究出版社	1	7
7	人民音乐出版社	2	5
8	中华书局	1	7
合计	8	22	

（资料来源：根据中版集团网站集团新闻整理）

强化领导考核，发挥民主监督。一是公示领导薪酬情况。2017年度，中国出版集团公司公布了谭跃、王涛、刘伯根等企业负责人2015年度和2016年度的全部应发税前薪酬。二是创新考核分配制度。完善修订双效业绩考核办法，提高社会绩效考核比例；设立人才引进专项资金，探索公司职业经理制度；出台改革30条，提高编辑营销骨干激励力度。中国大百科全书出版社适度调整版权经理职数，适度降低对外合作创收压力，不断释放走出去战略的内生活力。三是完善内部审计机制。新华书店总店与安永华明会计师事务所签订合作协议，共同推进财务交易、会计审计和税务管理合作；公开遴选聘请常年法律顾问单位，管控防范法律风险，保障业务依规合法。

树立社会责任意识，做好社会公益服务。开展公益文化活动，参与社会志愿服务。荣宝斋挂牌成立荣宝斋学堂，借助学堂开展传统文化免费培训，教授书画技艺。人民美术出版社联合相关单位在山东省临沂市第39中学举办人美美育学堂启动仪式，为其添置美育器材，培训当地美育师资。中国民主法制出版社联合相关单位主办央视《法律讲堂》进校园活动，积极参与推进法制宣传教育。确立责任担当意识，做好会议保障服务。在全国"两会"期间，北京新华印刷有限公司接受印制全国"两会"文件的艰巨政治任务，针对会议要求精心组织谋划，制定《新华印刷两会文件印制方案》，开展保密培训，实行24小时值班制度，杜绝生产流程产生泄密事故。

第三节 中国出版集团社会责任存在的问题

回顾2017年度，我们发现，中版集团履行社会责任的成绩可圈可点，成效显著。但是，由于公司规模庞大，图书出版业务点多面广，宏观把握全面工作的能力有限，因此，中版集团在履行社会责任上还与自身地位存在着一定差距，有待进一步提升和改进。

一、及时反映国家政策不够，服务中心主题比较单一

从国家发展大局来看，防范化解重大风险、精准扶贫和污染防治这三大攻坚战已经成为今后3年的主要工作目标，实施乡村振兴战略和学习宣讲十九大精神将成为今后一段时间的社会责任。审视中版好书，我们发现，体现社会责任意识的重点主题图书和重大出版工程很少涉及三大攻坚战，反映实施乡村振兴战略和学习宣讲十九大报告精神的精品图书也是凤毛麟角。总之，不能及时把握反映国家政策，服务中心工作主题比较单一，这种社会责任履职现状是与作为中国出版航空母舰的行业地位不相匹配的。

二、独立单位社会责任建设不平衡，两极化现象比较突出

在30家二级独立单位中，认真开展十九大精神学习宣讲活动的有7家，仅占全部单位的23.33%；而有23家开展十九大精神学习宣讲活动没有见诸集团网站。这些二级独立单位既有商务印书馆、人民文学出版社、三联书店等知名出版社，也有中版集团数字传媒有限公司、北京中新联科技股份有限公司等非主流企业。这充分说明，这些没有开展十九大精神学习宣讲活动的23家单位社会责任意识还不够到位，主体责任建设还有待加强。

表2-6 中版集团二级独立单位学习宣讲十九大精神占比情况一览表

序号	单位类型	单位数量	占比	学讲单位数量	占比
1	出版社	15	50%	6	20%

续表

序号	单位类型	单位数量	占比	学讲单位数量	占比
2	报刊社	1	3.33%	0	0
3	物流发行企业	4	13.33%	1	3.33%
4	印刷物资企业	2	6.68%	0	0
5	数字文化传媒企业	7	23.33%	0	0
6	其他企业	1	3.33%	0	0
合计	6	30	100%	7	23.33%

（资料来源：根据中版集团网站集团新闻整理）

三、对口精准扶贫力度不足，扶贫工作缺乏有力举措

从网站披露的既有精准扶贫信息来看，中国出版集团公司在参与对口精准扶贫工作上没有制定公布年度精准扶贫工作方案，没有看见结对帮扶特定贫困户，没有提供生产资金发展当地扶贫产业，没有提供贫困户节日慰问金，没有构建创收增收精准扶贫模式，而且投入结对帮扶的扶贫干部数量也非常有限，文化扶贫投入资金也与国有大型传媒企业的行业地位不相匹配。

表 2-7 中版集团精准扶贫事项一览表

单位：元

精准扶贫事项	投入资金或物资	受益对象	年均增收
援建连心桥	不详	恰科日社区而尖村	0
捐赠图书	50万元，1.4万余册图书	泽库县文化图书馆	0
走访贫困群众	不详	而尖村3户贫困户	0
泽库县宣传文化系统干部综合能力提升培训班	不详	泽库县宣传文化系统干部40余人	0

（资料来源：根据中版集团网站集团新闻整理）

四、信息披露存在不够全面及时的问题，重要信息缺少公布

浏览整个中版集团网站，我们发现，经营效益、资产重组、项目并购、资本运作、机构变动、舆情应对、人事调整等重大事项缺少信息披露。在信息披露及时性方面，二级栏目信息更新速度极其滞后。例如，"部门工作动态"更新到2016年7月18日，"重要文件"更新到2014年4月4日，"大事记"更

新到 2012 年 10 月 26 日，"一周回顾"完全没有内容。

表 2-8 中版集团网站主要栏目字数统计一览表

序号	网站主要栏目	总体字数	栏目占比
1	集团新闻	1 345 010	63.15%
2	领导活动	223 972	10.52%
3	媒体关注	560 945	26.33%
合计	3	2 129 927	100%

（资料来源：根据中版集团网站集团新闻整理）

第四节 中国出版集团社会责任执行力的提升路径和方法

一、及时研究国家政策，提升大局把握能力

建立国家政策研究室，组织专业队伍深入研究国家当前政策，及时提交政策难点热点决策咨询报告，服务集团领导宏观决策。根据国家政策研究报告及时制定主题图书选题规划，宏观引导出版机构做好主题图书出版选题，围绕国家政策和中心工作组织主题图书出版。重视国家政策预测工作，增强国家政策变动情况的预测意识，提前研究遴选主题出版重点选题，配合国家重大政策出台发挥重点主题图书营造舆论氛围的作用。鼓励各二级独立出版单位发挥自身优势，做好重点主题出版选题策划，多角度全面覆盖有关国家政策的主题出版与舆论引导。

二、继续推进巡视工作，力求巡视无缝覆盖

制定出台集团社会责任履职考核标准和社会责任实施细则，明确各二级独立单位的社会责任和具体工作要求，力求社会责任履职有规可依。分批次派驻巡视组，深入集团内部二级独立单位开展巡视工作，坚持社会效益与市场效益同等巡视审计，不断强化领导干部社会责任意识。重视巡视情况意见反馈，强化巡视整改工作，力求发挥巡视整改推进社会责任履职能力建设的效果，不断

提升各二级独立单位执行社会责任的履职能力和水平。

三、强化精准扶贫意识，创新多样扶贫举措

制定出台年度精准扶贫工作方案和管理办法，做好结对帮扶顶层设计，构建对口精准扶贫机制，可持续推进对口精准扶贫工作。加大资金投入，提高资金数量，力争实现投入资金达到300万元以上，力求与300亿国有大型企业相匹配。坚持产业扶贫、文化扶贫和智力扶贫相统一原则，开拓探索丰富多样的精准帮扶途径。坚持驻村定点帮扶与党员干部远程结对帮扶相结合，扩大结对帮扶干部队伍，保持日常信息咨询与困难帮扶常态化，实现贫困群众结对帮扶全覆盖。设立对口精准扶贫办公室，统一协调各单位参与对口精准扶贫工作，分配重点贫困群众结对帮扶，努力帮助贫困群众按期按质脱贫。

四、强化信息公开意识，加强披露制度建设

制定集团信息公开管理办法，构建信息披露流程与机制，明确每周每月信息披露要求。建设一支精通信息宣传、工作责任意识强的信息员队伍，网站栏目等新媒体的信息发布任务落实到人。重视信息与舆论安全，把关日常信息公开内容，强化信息披露流程监管，强化舆论管控。制定集团信息公开责任考核实施办法，强化信息公开责任意识；继续开好年度信息工作会议，加大奖励表彰力度。

总之，自党的十九大召开以来，防范化解重大风险、精准扶贫和污染防治已经成为当前国家的中心工作，履行社会责任成为公司企业的主旋律。面对复杂的国际社会环境，中国出版传媒集团公司必须紧紧把握国家发展大势，立足一带一路战略和中华传统文化主题出版传统优势，以三大攻坚战为核心，不断提高社会责任履职能力和水平，努力做好新时代习近平中国特色社会主义思想的主题出版工作。

第三章 中国科技出版传媒股份有限公司社会责任研究报告

李 玲[①]

内容提要：作为国家三大出版传媒集团之一的中国科技出版传媒股份有限公司在中国出版发展史上有着较长的历史，近年来随着企业机制改革，已成功完成股改并上市。本文通过文献分析法对中国科技出版传媒股份有限公司及其下属公司的社会责任执行情况进行了分析，从舆论引导与社会监督责任、市场责任、社会责任、责任管理四个维度进行研究，旨在评估其社会责任执行情况，探索出版传媒公司社会责任执行的良好路径及方法。经过研究分析，本文认为中国科技出版传媒股份有限公司在社会责任履行上兼顾多方，充分体现了企业的社会责任意识和执行力，但在执行广度和深度上都存在一定的提升空间。

关键词：中国科学出版传媒股份有限公司　社会责任　舆论引导　市场责任　责任管理

第一节　中国科技出版传媒股份有限公司基本情况

中国科技出版传媒股份有限公司成立于2011年7月19日，是我国最大的综合性科技出版机构，是国家三大出版传媒集团之一。中国科技出版传媒股份有限公司是以科学出版社有限责任公司为基础成立，科学出版社也是中国科技

[①] 李玲，暨南大学新闻与传播硕士，数字广东网络建设有限公司高级品牌经理，研究方向：新媒体，政治传播学，互联网与社会治理。

出版传媒股份有限公司的核心出版品牌。1954年，中国科学院编译局与30年代创建的有较大影响的龙门联合书局合并成立科学出版社；1993年恢复使用"龙门书局"副牌。2000年，新闻出版总署批准组建中国科学出版集团，中国科技出版传媒股份有限公司成为第一家中央级专业出版集团，次年成为首批中央文化体制改革试点单位。2005年"中国科学出版集团有限责任公司"完成工商注册，并撤销了事业单位和编制。2011年5月，中国科学出版传媒股份有限公司创立，该集团开始向股改上市迈进。

中国科学出版传媒股份有限公司隶属于中国科学院，旗下拥有科学出版社、龙门书局、国家科学评论、中国科学、科学世界、中国国家旅游等著名出版品牌；集团成员单位包括中国科技出版传媒股份有限公司、北京中科印刷有限公司、嘉田文化发展（天津）有限公司。

中国科学出版传媒股份有限公司旗下的科学出版社是中国最大的综合性科技出版机构，在国内拥有完善的出版、发行网络，同时下设上海分公司、武汉分公司和成都公司，以及纽约公司、东京公司等19家分、子公司，此外，还与世界各地的诸多出版公司建立了长期合作关系。科学出版社每年出书万余种，期刊近300种，形成了重大图书出版项目、工程集群。近年来，年输出图书版权均位居全国出版单位前三甲、科技出版社之首。科学出版社多次荣获"全国优秀出版社"称号，中国出版政府奖"先进出版单位"，"全国百佳图书出版单位"称号等，并在"十一五"期间多次获得重要图书奖项。

第二节 社会责任执行现状

中国科学出版传媒股份有限公司执行社会责任情况从四个方面得以体现：从舆论引导与社会监督责任角度看，该公司主要在"一带一路"及"走出去"战略实践上做出了努力；市场责任方面，该公司不断提升品牌影响力，拓展业务范围，促进公司业绩保持长足增长；社会责任方面，积极开展精神文明建设，组织党建工作，做好员工关怀，并积极参与社会公益；责任管理方面，该公司董事会及管理层恪尽职守，同时公司也对党员及党建工作进行了有效管理。

一、舆论引导与社会监督责任

中国科学出版传媒股份有限公司在舆论引导方面主要践行了"一带一路"战略及"走出去"战略，同时在图书出版的内容方向上也做出了一定的引导。中国科学出版传媒股份有限公司主要以出版相关书籍提供理论及战略指导的方式，响应"一带一路"战略。例如，中国科学出版社与中国系统工程学会共同主办"纪念钱学森《组织管理的技术——系统工程》发表40周年暨《大型水利水电工程建设项目集成管理》研讨会"。随着"一带一路"建设的深入推进，沿线国家水电工程建设需求持续增长。中国水电"走出去"，不仅要输出最先进的工程技术、派出最优秀的专业人才，更要做出带有"中国智慧"的管理模式。由中国科学出版社出版的《大型水利水电工程建设项目集成管理》一书填补了项目管理"中国学派"的空缺，为大规模科学技术工程的集成管理提供了一般路径、操作办法和有效模式。如今，中国改革进入了攻坚期和深水区，需要借助系统工程的思维，创立"中国理论"，回答"中国问题"，从而为全世界的发展提供"中国方案"。通过书籍出版的方式，输出"中国理论"及"中国方案"，这是中国科学出版传媒股份有限公司参与"一带一路"建设的方式。

科学出版社积极响应中央"走出去"战略部署，致力于推进"走出去"工作。科学出版社是中国科技出版界开展对外合作的先行者，20世纪70年代末就开始与国外出版公司开展合作，现已与世界20多个国家或地区的200多家出版公司保持着合作伙伴关系。近年来，科学出版社在"走出去"方面的成绩尤为突出，积极参加各大国际书展以及书展举办的主宾国活动，国际影响力不断增强；据"中国图书世界馆藏影响力调查报告（2015版）"显示，科学出版社的国际影响力已位列全国第一。[①] 近年来，该公司加快实施"走出去"战略，推动科技出版"走出去"，科学出版社平均每年引进图书约140种，输出图书约150种，期刊30种。中国科学出版社还拓展了国际出版业务，不仅在美国、日本等国家设立分支机构，还开拓了英文出版市场，出版英文期刊达70多种。

---

① 中国科技出版传媒股份有限公司科学出版社官网 http://www.cspm.com.cn/gsgk2017/zc-qgc2017/.

在"走出去"战略践行上,中国科学出版传媒股份有限公司旗下的北京中科进出口有限责任公司也做出了努力。北京中科进出口有限责任公司与世界各国及港台地区数百家出版公司、学协会、书商建立了良好的直接贸易往来关系,形成了稳定而快捷的传递渠道。[①]

此外,在图书出版的内容方向上,中国科学出版传媒股份有限公司也做了一定的舆论引导工作。中国科学出版传媒股份有限公司出版了栾胜基教授主编的《中国农村环境管理解困丛书》,该系列丛书从中国农户生产行为的角度研究中国农村环境管理,是对中国农村环境问题研究的总结与创新,对中国农村环境的治理与保护工作起到指导作用。中国科学出版传媒股份有限公司凭借自身出版社优势,出版了一系列对社会发展起到实践指导意义,并具有良好的舆论引导作用的书籍。

二、市场责任

科学出版社作为中国科学出版传媒股份有限公司的主要成员单位一直走在国内科技出版界的前列,多年来不断扩展业务范围,寻求品牌影响力持续提升,获得了诸多国家级的重要荣誉;同时,科学出版社员工团结一致,众志成城,连续几年取得了主要经营指标年均两位数增长的优良业绩,实现了国有资产的保值增值和员工收入的同步增长。此外,科学出版社不断追求机制体制改革,通过体制创新来推动公司的发展。"十二五"期间,科学出版社不断追求新的发展高度,完成了体制机制改革,成立了股份制公司,谋求上市;同时,科学出版社也加快推动数字化转型升级,为未来持续发展谋篇布局。

当前,科学出版社主营业务包括四个部分:图书业务、期刊业务、进出口业务、知识服务,通过四大业务的开展,实现公司品牌影响力的持续提升,实现社会效益和经济效益的统一,推动公司转型升级及战略实施落地。第一,图书业务。公司图书出版业务涵盖科学、技术、医学、教育、人文社科等多个领域。该公司立足于"高层次、高水平、高质量"和"严肃、严密、严格"的出版理念和专业定位,策划相关选题并组稿、约稿,经三审三校等编辑出版工

---

① 北京中科进出口有限责任公司官网 http://www.bjzhongke.com.cn/about.aspx? TypeId = 1&FId = t1；1；1.

作，完成图书出版流程，通过相关发行渠道推向市场。第二，期刊业务。科学出版社打造高端学术期刊集群，提升国际影响力。2017年，在国家新闻出版广电总局推荐的第三届全国"百强报刊"中，共有《科学通报》（英文版）、《中国科学：数学》（英文版）、《国家科学评论》（英文）等6种期刊入选2017年"百强科技期刊"。作为国家科技期刊出版基地，科学出版社及其控股子公司《中国科学》杂志社有限责任公司、《科学世界》杂志社有限责任公司、北京中科期刊出版有限公司、北京科爱森蓝文化传播有限公司主要从事期刊出版及合作经营相关业务。第三，进出口业务。多年来，科学出版社旗下北京中科进出口有限责任公司与世界各国及港台地区数百家出版公司、学会、协会、书商建立了直接贸易往来，形成了稳定而快捷的出版物采购网络和传递渠道。第四，知识服务业务。该公司积极推进从传统出版向知识服务转型，目前主要在专业学科知识库、数字教育云服务、医疗健康大数据三大方向上进行布局。

根据《中国科技出版传媒股份有限公司第二届董事会2017年度工作报告》显示，2017年度科学出版社共实现营业收入201 057.07万元，同比增长11.85%；实现归属于母公司的净利润为37 117.79万元，同比增长32.59%；均超额完成预算指标。截至2017年12月31日，公司资产总额454 141.26万元，同比增长47.88%；归属于母公司股东权益325 229.12万元，同比增长57.8%。2017年，公司每股收益0.48元，加权平均净资产收益率为12.37%。2018年上半年，公司强化精品出版，着力提升公司品牌和社会影响力，其中公司出版的《科技强国建设之路：中国与世界》《极地征途：中国南极科考日记档案》获批中宣部2018年主题出版重点出版物选题。在经济效益方面，公司上半年实现营业收入91 990.95万元，同比增长14.31%；实现归属于母公司的净利润为11 255.89万元，同比增长26.02%。

三、社会责任

在社会责任履行方面，中国科技出版传媒股份有限公司主要在四个方面有所体现：积极开展精神文明建设，培育和践行社会主义核心价值观；重视党建工作，组织和推动相关会议的开展；做好员工关怀及工会等工作；参与社会公益。

中国科技出版传媒股份有限公司多次获得"首都文明单位"称号。作为第一家上市的中央出版机构,该公司认真贯彻首都精神文明创建工作的各项要求,坚持围绕中心、服务大局,始终把文明单位创建和精神文明建设工作贯穿于企业改革、发展、创新全过程,培育和践行社会主义核心价值观。

在党建工作上,科学出版社经常举办相关的学习会,民主生活会,并组织了党建工作会议。2018年8月,科学出版社举办了党建工作会议,该会议是出版社历史上的第一次,党委高度重视,会议取得良好成效。大会上学习了习近平新时代中国特色社会主义思想及加强国有企业党建工作的重要文件精神,加强和巩固了重要精神、重要文件学习成果;回顾和系统梳理了近年以来党建工作的主要成绩,重点工作;分析了当前的主要形式任务,部署了下一步党建工作的重点;提升了公司党员干部对企业党建工作的认识,通过会议让参会人员认识到党建工作在国字号的文化出版企业发展过程中的重要性,在企业发展中的引领作用和支撑作用。

在员工关怀方面,中国科技出版传媒股份有限公司做了一定工作。近年来,该公司汇集了一支覆盖科技各学科领域、年龄结构合理、富有朝气和战斗力的专业化出版人才队伍,这其中也诞生了一大批科技出版的名编名家和行业领军人才。基于优秀的人才队伍,中国科技出版传媒股份有限公司从多方面提升员工福利,在职称评审和申报上给予重视,员工夫妻两地分居问题给予妥善解决,员工日常餐饮等方面都给予了充分考虑和合理安排。科学出版社重视工会组织建设和"职工之家"创建工作,在开展岗位建功活动,保障职工参政议政渠道,维护职工权益,丰富职工文体生活等方面,采取了多项有力举措,逐步形成了党、政、工共建一个"家"的工作格局,为推动出版社的和谐奋进与改革创新发展起到积极作用。2015年,科学出版社工会被中华全国总工会评为"全国模范职工之家"称号。

中国科技出版传媒股份有限公司坚持为科技创新服务,为传播与普及科学知识服务,主动承担起相关的社会责任。2017年10月,科学出版社向淄博职业学院图书馆捐赠了医学类和护理类专业图书1 140册,图书定价总额达64 013.60元。捐赠的图书印刷质量上乘,纸张精美,内容健康丰富,并与淄博职业学院相关专业紧密结合。该次活动体现了科学出版社"用书本传递知识,让知识传递能量"的宗旨,为淄博职业学院图书馆的馆藏进行了有益补充。

四、责任管理

责任管理方面，中国科技出版传媒股份有限公司的作为主要体现在两个方面，一是董事会及管理层的相关履职情况，二是该公司对党员及党建工作的管理。

中国科技出版传媒股份有限公司董事会严格按照相关法律法规、规范性文件和《公司章程》等管理制度的要求，坚持依法治企，按法律法规要求及时召开董事会会议及股东大会，充分保障股东大会和董事会的决策得到有效贯彻执行。进一步提高公司规范化运作水平，公司董事会先后修订了《公司章程》《股东大会议事规则》《董事会议事规则》《独立董事工作制度》《董事会秘书工作细则》等11个制度，全面优化完善了公司治理体系，进一步保障公司各项决策依法合规。

2017年，中国科技出版传媒股份有限公司全体董事恪尽职守，关注公司经营管理信息、财务状况、重大事项等，根据规范要求科学决策，推动公司持续健康稳定发展。2017年，董事会所做决议无违法违规问题；董事会成员认真履行职责，没有发现违规违法和违背职业操守的行为。同时，公司3名独立董事充分发挥各自专业作用，深入了解公司经营和发展状况，对公司财务报告、关联交易、公司治理、重大投资等事项做出客观公正的判断，向公司提出合理化建议，对公司的良性发展起到了积极作用。董事长按照规定尽职主持董事会和股东大会会议，采取措施确保董事会科学决策，积极推动提高公司规范化治理水平。

中国科技出版传媒股份有限公司领导班子重视加强党的建设和党风廉政建设，在健全组织架构、制定管理制度、落实主体责任和监督责任等方面开展了相关工作，取得初步成效。中国科技出版传媒股份有限公司还召开2017年度支部书记和委员培训会，会议以全面组织落实"两学一做"学习教育常态化制度化实施，提升支部书记和委员履职能力为主题。通过培训，提升与会全体支部书记和委员开展党务工作的思想认识高度，并加强有效开展支部工作的方式方法的掌握。此类培训为中国科技出版出版传媒股份有限公司全面落实"两学一做"学习教育常态化制度化，全面提升基层支部工作水平打下了很好的基础。

第三节　执行社会责任存在的问题

尽管中国科技出版传媒股份有限公司在社会责任履行方面做出了一定努力，但仍然存在一定不足，主要体现在舆情引导不足，对外发声少；社会公益活动参与较少；公司业务缺乏创新；对党建工作不够重视。

一、舆情引导不足，对外发声少

尽管中国科技出版传媒股份有限公司在践行"一带一路"战略及"走出去"战略上有所作为，在图书出版内容方向上也有一定引导。但总体而言，该公司在舆情引导和社会监督责任的履行上存在一定的不足，主要体现在该公司公开的出版物中并未充分体现国家目前倡导的战略。"一带一路"战略虽然有部分出版物有涉及，但数量不多；"走出去"战略尽管有所实践，但在媒体上发声较少。作为传媒公司，加上其又具备深厚的出版历史，该公司本应在国家战略的实践上做出充分的舆论引导，但实践上该公司却缺乏舆论引导敏感度，并未在这一领域做充分探索。媒体报道对于该公司舆论引导的体现，社会价值的履行有非常重要的作用和意义，但从目前公开资料看来，该公司不仅在公共媒体上曝光不多，甚至内部新闻也不够丰富。这样不利于公司形成影响力，无论是舆情引导还是社会责任履行上都将受到影响。

二、社会公益活动参与较少

根据公开资料显示，中国科技出版传媒股份有限公司在社会公益活动上的投入较少。作为传媒出版公司，本具有开展书籍捐赠等公益活动的天然优势，但该公司并未利用这些优势展开活动。常规的公益活动如志愿者活动等也未在公开资料中有所显示，可见该公司在公益活动中投入过少，难免导致社会责任履行不足。作为中国科学院下属机构，中国科技出版传媒股份有限公司在响应"精准扶贫"政策方面也鲜有作为。扶贫工作目前是我国的一项重要工作，大部分国有企业，都积极参与"精准扶贫"工作，努力为扶贫工作献一份力。但根据公开资料显示，中国科技出版传媒股份有限公司在"精准扶贫"工作上作为较少，并没有深入贯彻国家的这项重要政策，在社会责任履行上也存在一定不足。

三、公司业务缺乏创新

根据中科院第二党组巡视中国科技出版传媒股份有限公司的反馈情况来看，中国科技出版传媒股份有限公司在市场责任履行上也存在一定不足。从公司业务创新发展方面，发展规划研讨多、共识少，具体项目落实较慢；当前，传统图书出版业务仍然占据主导地位，期刊业务比例不高，信息服务、知识服务、传媒业务等起步不快；大数据、互联网、物联网等技术还没有广泛应用到业务生产和管理工作中；资本市场的运营缺乏规划实施和组织保障。

四、对党建工作不够重视

从责任管理角度来看，中国科技出版传媒股份有限公司在党建工作和公司整体管理上都存在一定不足。中科院第二党组巡视中国科技出版传媒股份有限公司后指出，党建工作方面，党委在"把方向、管大局、保落实"方面发挥作用不够；党委履行全面从严治党主体责任不到位；贯彻落实中央八项规定精神不严格；纪委聚焦主业、监督执纪问责不落实。同时，领导班子建设方面，管理架构不够清晰；领导班子未形成工作合力；领导班子年龄结构和知识结构有待优化。公司管理工作方面，龙版系统不能满足业务需要，急需升级换代；规章制度的制定和执行不严肃、不规范等。

第四节 社会责任执行力提升路径与方法

针对上一节中提到的问题，本文认为，中国科技出版传媒股份有限公司可从三个方面提升社会责任的执行：加强舆情引导及社会公益参与度；以发展为导向提升公司效益；强化党建工作。

一、加强舆情引导及社会公益参与度

舆情引导是企业履行社会责任的重要部分，中国科技出版传媒股份有限公司应加强舆情引导，在国家政策方针的贯彻上增加投入，将业务发展、企业日常活动与积极的舆情引导相结合。同时在媒体传播力方面上，也应增加投入，积极与大众媒体互动，增加企业在媒体上的曝光率，一方面帮助企业树立良好的企业形象，另一方面也积极传播舆论引导的工作内容。此外，加强企业内部新闻报道能力，为企业增加发声渠道的同时，也为企业的舆情引导增加有效的传播途径。

在社会公益活动方面，中国科技出版传媒股份有限公司应加强社会公益活动的投入，丰富公司组织参与的社会公益活动形式，增加社会责任的执行力，同时也鼓励公司员工多参与社会公益活动，通过公益的形式回报社会。对于国家相关方针政策的关注度和敏感度也应提升，如积极响应"精准扶贫"政策，参与扶贫工作。

二、以发展为导向提升公司效益

在增强市场责任方面，中国科技出版传媒股份有限公司应从四个方面提升公司业务发展，以创新的方式推动公司整体效益提升。第一，推动业务向高质量方向发展，以建设重大项目为引导，推动出版质量效益提升，进一步优化调整现有学科专业领域，完善业务布局。图书业务要强化实施内容资源集聚战略，构建专业化的知识数据库平台产品；针对新兴交叉学科领域，探索期刊出版技术服务等多种新兴业务模式，并不断拓展出口业务，提升进出口业务营收规模。第二，加快转型升级是企业发展的未来，对于科技出版而言，要加快从传统出版向知识服务的产业升级。集聚优质内容资源，重新认识内容形态，构建各垂直领域的知识图谱或语义本体，夯实知识服务实现的内容基础；打造服务型知识产品，利用新兴技术，向目标群体提供高附加值、高层次、知识型的服务；打造智能出版一体化平台，探索利用大数据、人工智能等新兴技术，实现智能化运营、一体化运作、个性化服务，推动公司从传统的"编印发"线性化业务流程，转变为面向整个科研生命周期的内容生产和知识管理闭环，推动产业转型升级。第三，转变发展模式，优化业务结构，既保证现有业务持续发展，又探索新的业务形态，加快从科技出版到科技传播，进而到科技支撑的业务延伸和拓展，加速实现公司业务模式和商业模式的创新转变。第四，加大资本运作，推动企业创新发展，充分利用上市公司的平台加大资本运作力度，围绕公司整体战略规划和转型升级目标，探索开展战略性投资并购，加快公司从传统的出版业务向"产品+服务+金融"的立体化业务体系转变提升，推动公司跨越发展。

三、强化党建工作

中国科技出版传媒股份有限公司要加强党建工作和人才队伍建设。党建工作要从三个方面进行提升。第一，党委要深刻理解和落实"把方向、管大局、保落实"的政治要求，全面贯彻落实十九大精神，切实担负起全面从严治党主体责任；坚持同步建立党组织，动态调整组织设置，把党支部、党小组建到分、子公司。第二，公司领导班子要建立"产权清晰、权责明确、政企分开、管理科学"的现代企业制度，加快业务转型发展，按照现代企业制度要求，推行全面质量管理。同时，要召开专题民主生活会，加强巡视反馈问题整改。第三，纪委工作要以风险防控、制度规范、审计监督为抓手，全面排查风险点，建立内控体系和审批把关程序，对关键环节和岗位进行有效控制。同时，坚持监督执纪问责，结合巡视发现提出的问题举一反三，认真抓好问题整改落实。

第四章　广西出版传媒集团社会责任报告

于重榕[①]

内容提要：2017年，广西出版传媒集团与广西新华书店集团股份有限公司整合重组，业内瞩目。本报告以媒体报道和广西出版传媒集团旗下各子公司网站为主要资料来源，采用文献梳理和内容分析的方法阐述并评析了广西出版传媒集团履行社会责任的情况和能力。2017年，广西出版传媒集团深入推进出版印刷发行资源整合，积极拓展文化产业链，推动产业转型升级，提升发展质量，各项经济指标达到历史最好水平。但是，广西出版传媒集团在社会责任履行方面还存在着问题和不足，与其打造广西文化企业标杆的目标还存在一定差距。针对这些问题，本文提出了可能的解决思路，探索国有大型出版企业社会责任执行力提升的方向和路径。

关键词：广西出版传媒集团　社会责任　报告

第一节　广西出版传媒集团基本情况

广西出版传媒集团脱胎于广西出版总社，成立于2003年7月。2009年12月，广西出版传媒集团有限公司正式挂牌，所属9家经营性出版单位同时转制为有限公司，包括广西人民出版社有限公司、漓江出版社有限公司、广西教育出版社有限公司、广西科学技术出版社有限公司、广西美术出版社有限公司、接力出版社有限公司、广西金海湾电子音像出版社有限公司、海外星云杂志社有限公司、广西出版印刷物资有限公司。2012年1月，广西民族印刷包装集团有限公司成立，由广西民族印刷有限公司、广西迪美公司和广西新华印刷厂等单位组

---

① 于重榕，云南美术出版社办公室主任，副编审，研究方向：新闻出版。

成，成为广西印刷业的龙头企业，为广西出版传媒集团公司旗下的国有独资子集团。2017年4月，广西出版传媒集团与广西新华书店集团股份有限公司整合重组，广西新华书店集团为广西出版传媒集团的全资子公司。目前，广西出版传媒集团旗下拥有22家全资、控股子公司，业务涵盖图书、期刊、音像、电子、网络等出版物的出版、印刷（复制）、发行等主业经营和文化地产、物资贸易、物业经营、文化投资等辅业经营，为广西规模最大的文化产业集团。

截至2017年底，广西出版传媒集团有在岗职工4 833人，资产总额60.5亿元。2017年，广西出版传媒集团实现营业收入33.65亿元、利润总额2.28亿元（资料来源：八桂书香网），年出版图书近5 000种。

第二节 广西出版传媒集团社会责任履行情况

作为广西的国有大型文化企业，广西出版传媒集团围绕中心服务大局，坚持正确的出版导向和舆论导向，致力于建成出版文化精品、推动融合发展、引领阅读风尚的大型出版传媒集团和广西文化企业标杆。2017年，广西出版传媒集团推进与广西新华书店集团重组整合，出版与发行产业链接通，出版板块向高质量发展，发行市场份额进一步扩大，印刷、贸易板块提质增效，策划、组织、打造品牌读书活动，全力推动社会效益和经济效益建设。

一、舆论引导与社会监督责任

1. 着力做好主题出版，实施精品出版战略

主题出版现已成为重要的出版门类。作为国有文化企业，广西出版传媒集团围绕党和国家重点工作和重大会议、重大活动、重大事件、重大节庆日等积极策划选题，开展重大出版活动，是其服务党和国家工作大局、巩固壮大主流思想舆论、履行舆论引导责任的重要表现。2017年，广西出版传媒集团在主题出版方面收获颇丰，推出了一批主题出版方面的精品力作。其中，《毛泽东读书笔记精讲》为毛泽东研究专家陈晋20年研究的集大成之作，其"历史·附录卷"荣获第二届向全国推荐中华优秀传统文化普及图书奖，入选中国图书评

论学会"中国好书"2017年5月榜；《中国道路的文化基因》以深厚的文化情怀展现了中国道路与中国文化的内在联系，入选中宣部和国家新闻出版广电总局迎接党的十九大精品出版选题；《丝路邮记：方寸世界中的海上丝绸之路》入选自治区新闻出版广电局2017年广西主题出版重点出版物。此外，还有《学习习近平治国理政重要思想百人谈》《长征书简——重温我们先辈的长征记忆》《马克思的上层建筑理论：文本、解释与现实》等主题出版方面的精品图书。2018年年初，广西出版传媒集团将"着力做好主题出版"列入2018年工作部署，体现了该出版集团对此方面工作的高度重视。

出版单位的价值取向影响着公众的价值取向和主流价值观，精品力作在舆论引导和社会监督方面具有强大的社会影响力，精品出版是广西出版传媒集团近两年全力推进的出版战略。2017年，广西出版传媒集团以精品图书倡导真善美，传唱正能量，一大批优秀出版物获得重要奖项。广西人民出版社《家风十章》、广西科学技术出版社《一带一路画敦煌涂色系列》（全三册）、接力出版社《萤火虫女孩》入选2017年度"大众喜爱的50种图书"；广西人民出版社《庄子哲学讲记》和漓江出版社《水墨戏剧》为广西出版传媒集团首次摘取"2016中国好书"奖；广西美术出版社的《文爱艺爱情诗集》、漓江出版社的《是我：一个书法主义的无言之诗》荣膺"中国最美的书"称号。其中，《是我：一个书法主义的无言之诗》登上纽约时报广场纳斯达克大屏幕，成为首次在这个重要媒体平台上登场的中国出版单位作品（资料来源：广西出版传媒集团微信公众号）；广西美术出版社《长征颂歌：连环画〈地球的红飘带〉艺术研究》荣获优秀美术图书金奖及优秀装帧设计奖。在2018年年初揭晓的第四届中国出版政府奖获奖名单中，接力出版社、接力音像电子出版社出版的电子出版物《我爱大自然》获音像电子网络出版物奖；接力出版社有限公司获先进出版单位奖。2018年1月13—14日，广西出版传媒集团在北京举办2018—2021年出版规划研讨会，首次邀请国内知名专家学者在北京为广西出版"把脉"，继续在精品出版战略上加码。

2. 加强国际传播能力建设，推进"走出去"

建设社会主义文化强国，必然要提高中华文化对世界的辐射力和影响力。近年来，广西出版传媒集团利用广西独特的区位优势，立足广西本土，面向东盟，以"一带一路"交汇带为基地，不断取得版权输出新突破，向东盟国家输出版权400多种，成为全国向东盟国家输入版权最多的出版集团之一，在讲好中国故事，传递中国声音方面取得显著成效。

广西出版传媒集团在"走出去"方面的具体做法主要包括抓原创图书品质、努力打造对东盟国家国际传播的基础平台和重点项目、设立海外基地、强化数字版权贸易合作、深入东盟国家开展产业多元拓展等。2017年，广西出版传媒集团出版"走出去"取得历史性突破。11月，广西出版传媒集团在越南建成并启用集团首个海外阅读体验空间——彤·阅读体验中心。阅读体验中心分为中越两国图书展示区、阅读体验区、小型活动区和电子阅读区，图书种类有文化、艺术、生活、科技、教育、少儿等，首批数量约7 000册，其中包括近年来广西出版传媒集团各出版单位版权输出的中文图书和越南众多出版社出版的优秀图书，为中国文化与东盟的交流与合作开辟了新渠道。此外，2018年伊始，广西教育出版社《实用越汉 汉越词典》正式出版发行，至此，广西教育出版社精品辞书工程"东南亚国家语言辞书系列"又添一个新品种；地方教材《广西劳动技术教材》《广西绿色证书教材》部分品种于2015年实现输出，并于2017年6月入选国家新闻出版广电总局"图书版权输出奖励计划"二期奖励项目。

二、市场责任

1. 经营总体情况

做大做强，实现国有资产的保值和增值是国有文化企业的职责、使命。出版传媒集团之间通过战略重组，实现资源互补，完善产业链条，既提高了市场竞争优势，又创造了新的经济增长点。2017年5月，广西出版传媒集团与广西新华书店集团重组整合，实现强强联合。2018年上半年，广西出版传媒集团实现营业收入13.63亿元，同比上升10.55%；利润总额2.4亿元，同比增长8.79%，集团资产总额71.17亿元，同比增长16.1%。（资料来源：广西新闻出版广电局官网）

目前，广西出版传媒集团初步形成出版单位聚焦出版主业、教材教辅、内容建设，新华书店系统以图书发行、门店建设为重点，印刷企业提高印制质量和效益，编、印、发相互衔接、相互融合的产业链构架，各项经济指标均达到历史最好水平。

2. 推进数字出版转型，开拓新媒体业务发展

随着新阅读时代的到来，数字出版成为时代的主流。新时代要求国有文化

企业充分发挥新闻出版单位的重要职责，结合当下多媒体技术和数字出版技术，走出一条新型的精品创作出版之路。同时，出版企业应努力使环境不受自己经营活动的消极影响，关注数字技术，应用新的载体，探索新的业态，减少对油墨、纸张等物资的使用，尽量减少对不可再生能源和资源的使用，对建设环境友好型社会做出本行业应有的贡献。广西出版传媒集团结合广西地域文化特征和集团融合发展战略，推进出版融合项目的策划与实施，以重大出版融合项目为抓手，推动集团出版产业转型。

截至2017年，广西出版传媒集团共有"广西壮族自治区民族文化资源库""中国青少年多媒体阅读推广平台""中国—东盟传统医药全媒体出版平台""广西教育出版社教育资源MPR整合推广服务工程""中国—东盟文化港""接力少儿主题阅读复合出版工程""少数民族地区全民阅读公共服务平台""中国村落文化数字出版平台"等8个重大出版项目获得财政部文化产业发展专项资金扶持，共计7 500万元。另有"东风工程"资助项目1个，广西文化产业发展专项资金资助项目6个。这些项目的实施为广西出版传媒集团延伸出版产业链、实现产业转型升级打下了坚实基础。

3. 创新发行营销举措，推动集团整合

广西出版传媒集团以广西读书节活动带动发行营销，在出版、印刷、发行各板块形成合力的过程中，推进集团资源的整合。2017年，广西读书节活动内容主要包括举办广西书展，名人名家阅读推广、普通读者分享阅读，开展少儿阅读、亲子阅读、贫困学子助读，保障特殊群体的基本阅读需求。读书节借力于全民阅读活动，在履行社会责任的同时获得了良好的图书营销效果。2018年，在广西出版传媒集团的着力打造下，广西读书节更上一个台阶。广西书展主会场设在南宁国际会展中心，比2017年书展增加两倍多面积，展销图书品种达30万种、800万册，其间购物8折优惠。同时，举办了100余场名家谈阅读、作家读者见面会、读书分享会、绘本互动等形式多样、精彩纷呈的文化交流活动。展会举办4天，整体入场人数在6万人左右，日入场人数在1.5万人以上。

三、社会责任

出版业是文化产业，离不开国家利益、政治因素的影响。出版企业履行社会责任，归根到底是满足社会的需要，满足广大读者的需求，从而扩大本企业的市场。因此，对于出版企业来说，承担社会责任与追求市场利益是一致的，对于国有出版企业来说更是如此。

1. 推进全民阅读，体现社会担当

在国家大力推动全民阅读的背景下，广西出版传媒集团将全民阅读作为一项重大工程进行推进，积极承担社会责任，体现了应有的社会担当。

2015年以来，广西出版传媒集团设立阅读推广部，明确以"广西书院"作为集团全民阅读专业推广机构，统筹打造广西全民阅读公共文化服务平台。自2016年首批"广西书院全民阅读基地"共建项目启用之后，2017年，"广西书院全民阅读基地"全新升级，广西"国企书院"建设有序推进。2017年12月，广西出版传媒集团、广西交通投资集团联合承建的广西首家国企书院、国企党建书院正式启用，对于推广全民阅读，建设书香八桂起着重要示范作用。"彤书屋"是广西出版传媒集团创建的全民阅读总品牌，同样在12月，首批"彤书屋/广西书院全民阅读基地"揭牌暨广西出版传媒集团有限公司与中国光大银行南宁分行《战略合作协议》签约仪式在南宁举行，将文化与金融有机结合，"把好书送到读者身边"。

广西出版传媒集团推动以传统新华书店升级改造以及构建以全民阅读为核心的新型阅读体验空间——彤书屋两个体系的建设。在"2017年度阅读空间新榜样"系列评选活动中，广西出版传媒集团旗下的两家书店从国内200多家参评书店中脱颖而出。广西出版传媒集团·新华书店南宁职业技术学院约阅读体验中心快速、有效地融入校园公共文化服务体系建设之中，使约阅读体验中心自身成为推进全民阅读在校园内发展的建设性力量。漓江书院则以"阅读+"为概念进行空间划分，图书经营与文化活动相结合，开展"线上+线下"丰富多彩的文化活动，平均每1.5天就会有一场主题文化活动。将服务各大企业作为书店的重点工作，是漓江书院开创的新型书店服务模式。通过优质图书推荐、阅读体验店建设等形式，广西出版传媒集团积极推进全民阅读，努力为社会提供公共文化服务。

2. 开展精准扶贫，履行国企责任

作为坚决贯彻执行党中央决策部署的重要力量，国有企业在精准扶贫工作中发挥着生力军的作用。实施精准扶贫是践行国有企业责任、展现国有企业担当的表现。

2017年，广西出版传媒集团及其所属出版单位、新华书店集团等均积极开展精准扶贫工作。工作主要针对集团各级单位的挂钩扶贫点展开，形式包括捐赠米面粮油、图书、学习体育用品、化肥等，送慰问金，开展摸底调查，入户走访慰问，援建排洪排污工程，开发扶贫项目等。为做好精准扶贫工作，广西出版传媒集团设立"结对帮扶行动月"，出台了《2017年扶贫活动方案》（桂出集团党字〔2017〕61号），在制度上给予活动保障。

广西出版传媒集团的扶贫慰问活动多选择在扶贫日及春节、植树节、六一等节日期间开展。其中，贯彻落实全国"扶贫日"活动的相关要求是重要的工作内容。兴业县山心镇博爱村是广西出版传媒集团的乡村建设（扶贫）工作定点帮扶村，2017年10月，广西出版传媒集团有限公司本部及其下属子公司广西人民出版社、广西美术出版社、广西金海湾电子音像出版社37名帮扶责任人前往兴业县山心镇博爱村开展扶贫日走访慰问活动，为留守儿童提供了学习生活的必需用品，前往帮扶贫困户家里进行了走访慰问；广西新华书店集团股份有限公司组织领导班子成员、总部中层以上管理人员、直属子公司经营管理班子成员、各直属党支部书记、驻村第一书记共33人到广西罗城仫佬族自治县四把镇开展"扶贫日"系列活动，在进行捐赠的同时按照广西关于贫困县、贫困村、贫困户脱贫摘帽的31项指标，逐项进行摸底调查。同时，广西出版传媒集团重视扶贫项目的开发，发展"一村一品"，如广西新华书店集团在罗城县德能村投入帮扶资金兴建母香猪养殖场，钦州市新华书店参与联合开发浦北县桥山村百香果种植基地等。

3. 保障员工权益，履行人文关怀

（1）保障从业人员权益责任

对内推行以人为本的管理，提高员工的生活水平，促进员工的全面发展和人的价值的实现，是企业对员工的社会责任。广西出版传媒集团按规定与从业人员签订劳动合同，并为员工足额缴纳"五险一金"。集团公司层面成立了薪酬与绩效考核委员会，负责集团本部、全资子公司、控股子公司的薪酬管理，审批集团全资、控股子公司的年度薪酬方案，规范集团薪酬管理，监督并指导子公司实施集团公司下发的薪酬管理制度，检查评估子公司执行集团公司薪酬管理制度情况。

高度重视员工培训学习。出版板块严格执行责任编辑注册制度和续展制度，按照规定学时对编辑人员进行继续教育培训。广西新华书店集团总部2017

年开展各类培训7次，内容涉及物流管理、传统书店转型与升级、图书花样造型设计、人力资源管理等多方面，培训内容有助于各岗位员工的成长和发展。此外，广西出版传媒集团有完整的工会组织保障和维护员工权益。

（2）履行人文关怀责任

广西出版传媒集团各级党组织和工会组织定期对困难职工、离退休职工进行帮扶或慰问。注重员工文体活动的开展，如朗诵会、气排球比赛、厨艺大赛等，为员工减压放松，开展企业文化建设。

四、责任管理

截至目前，广西出版传媒集团没有发布过专项的社会责任报告。其社会责任履行情况散见于各专业媒体和企业各网站的宣传报道中，缺少对责任战略、责任治理、责任绩效方面的详细介绍。目前显示资料主要为企业社会效益、生产经营、精准扶贫等内容，对于职工权益保护，供应商、客户和消费者权益保护，环境保护与可持续发展等都涉及较少。

作为国有出版单位，广西出版传媒集团必然在舆论导向、社会效益方面有严格的把控和管理，也有专门的部门如出版业务部等具体负责此项工作，但社会效益仅为社会责任的部分内容。从目前披露的信息来看，广西出版传媒集团在社会责任战略理念方面有初步的想法，如积极推进全民阅读，打造广西文化企业标杆等，但缺少全面系统的规划，在责任治理和责任绩效方面缺少评估，抑或是内部有评估机制，但在各种披露的信息中没有体现出来。

第三节　广西出版传媒集团执行社会责任存在的问题

从2018年上半年发布的数据来看，按照社会效益和经济效益两个衡量指标，广西出版传媒集团处于一个上升的发展势头。但对于一个国有大型出版集团来说，在社会责任的履行方面，广西出版传媒集团依然存在着不足。

一、社会责任履行情况披露不充分

披露社会责任履行情况是国有企业积极履行社会责任的必然要求，对于树立企业正面形象、塑造企业品牌具有正面作用。目前，广西出版传媒集团对外信息的统一发布平台只有微信公众号，没有官方网站。相较于官方网站，虽然微信公众号运营成本低，推送更精准，到达率更高，但也存在信息单一、信息量小的弊端。同时，广西出版传媒集团现有微信公众号仅有"集团资讯""桂版好书""了解更多"三个板块，且只有近期信息，无法做到企业形象的全面展示和企业信息的详细披露。此外，广西出版传媒集团下属各企业的官网、微信公众号等信息发布平台，大多存在信息缺失、更新不及时、疏于管理的情况，无法实现社会责任履行情况的有效、及时披露。

二、精准扶贫工作缺少创新举措

精准扶贫是国有企业履行社会责任的重要内容，也是国有企业的重要政治任务。从目前披露的既有信息来看，广西出版传媒集团在此项工作中更多的是按照统一部署，开展慰问、捐赠、援建项目等工作，缺少作为国有大型出版企业的主动作为和创新举措，其举措没有体现出作为文化企业的特点。

三、公益慈善的内容有待拓展

在公益慈善方面，广西出版传媒集团的举措主要针对完成定向精准扶贫任务、推广全民阅读等，公益慈善的内容局限在国有文化企业的既定任务内，缺少打破行业圈子和企业身份，带来较大社会影响力的主动举措。公益慈善的社会影响给企业经营带来的正面效应因为内容的局限被大大削弱，其承担的社会责任与其自身的经营规模、自身效益、自身影响力不相匹配。

第四节 广西出版传媒集团社会责任执行力提升路径与方法

一、建立统一的社会责任履行情况信息发布平台

目前，广西出版传媒集团将推动集团出版、印刷、发行各板块融合发展，形成企业合力作为2018年下半年的重要工作。而在履行社会责任情况的信息

发布方面，广西出版传媒集团也需要建立统一的信息发布平台，改变各下属单位信息发布缺失、分散、滞后，缺少权威声音的现状。鉴于微信公众号无法满足信息全面、系统发布的要求，建立官方网站作为统一的信息发布平台十分必要。此建议主要基于以下考虑：一是官方网站可以作为信息收集、整理的加工平台，与集团微信公众号和各下属单位的发布信息互动、链接，最终形成统一而权威的对外信息窗口；二是官方网站可以凭借更大的信息存储量全面、系统地展示企业履行社会责任的情况以及其他的方方面面，立体地展示企业形象；三是历史信息在官方网站这个信息平台上便于收集、整理，从而形成历史资料，便于集团专项社会责任报告的撰写，以更好地履行社会责任。此外，以官方网站为"中央厨房"的信息整理和权威发布也有助于推动集团各板块、各单位的深度整合。

二、强化管理层对社会责任的认知

从来没有哪个企业因为承担了过多的社会责任而破产，相反，大多数企业都是因为勇于承担社会责任而获得了更好的社会形象，从而取得了更好的经济效益。企业对社会责任的认知程度决定了对社会责任履行的重视程度，进而决定了社会责任履行的实际效果。广西出版传媒集团社会责任履行情况的信息发布缺陷，实际上也说明了集团在建立社会责任的理念方面还有着进一步提升的空间。企业社会责任的履行情况很大程度上取决于企业的管理者。因此，对集团本部以及下属各单位管理层进行社会责任培训，强化社会责任认知，有助于促使管理者提升意识、建立理念，从而更好地履行社会责任。同时，社会责任培训还应当包括企业社会责任实践方法的传授和讲解，从而拓展工作思路，解决在履行社会责任过程中出现的如创新举措不够、公益慈善内容局限等问题。

三、在集团层面设置社会责任部门

履行社会责任与追求经济利益之间具有内在的一致性，社会责任的良好履行有助于企业塑造品牌、拓展市场、增强凝聚力，进而提升赢利能力。对于广西出版传媒集团这样一个拥有众多子公司的大型企业集团来说，在集团层面设立专门的社会责任部门，有助于协调、调配各方面的人力、物力、财力，整合资源形成合力，对社会责任进行规划、控制、绩效考评和效果评估，对履行社会责任进行监督，汇总、撰写企业社会责任报告，增强社会责任履行的管理能力和执行能力。同时，在集团层面设立专门的社会责任部门，可以从企业发展战略高度认识和把握社会责任的重要性，在整个集团传达重视企业社会责任履行的信号，这对于将社会责任意识融入企业发展具有重要意义。

报刊社篇

第五章 南方报业传媒集团社会责任报告

陈南先[①]

南方报业传媒集团，是由广东省委机关报《南方日报》发展起来的党报集团。新中国成立不久的1949年10月23日，《南方日报》创刊于祖国的南大门广州。从此以后，以其权威性、公信力和高品质著称的《南方日报》，确立了其在华南地区主流政经媒体的地位，它是广东唯一主打高端读者群的权威政经大报，以主流新闻和深度报道见长。1998年5月18日，南方日报报业集团正式挂牌运作，这是继广州日报报业集团、羊城晚报报业集团之后的第三家全国报业集团，也是全国省级党委机关报中的首家报业集团。南方日报报业集团于2005年7月18日更名为南方报业传媒集团。

表5-1 南方报业军团

12报	9刊	5网	1出版社	13移动媒体
南方日报	南方	南方网		南方日报手机报
南方都市报	南方人物周刊	南方报业网		南都阅读器
南方农村报	南方第一消费	奥一网		南周阅读器
南方法治报	中国财富	凯迪网		南方人物周刊
南方周末	农财宝典	腾讯·大粤网		南都 Daily HD
南都周刊	商务旅行			南都周刊阅读器
理财周报	21世纪商业评论			南都娱乐周刊 HD
21世纪经济报	名牌		南方日报出版社	南方分级阅读
梅州日报	城市			21世纪阅读器
西江日报				21世纪手机经济网
云南信息报				21电台
风尚周报				21世纪手机彩信报
				南方报业 LED 联播网

[①] 陈南先，博士，广东技术师范学院文学与传媒学院教授。

南方报业传媒集团目前拥有 12 报、9 刊、5 个网站、1 家出版社、13 个移动媒体，形成了既有平面媒体，又有广电媒体、移动媒体、网络媒体、电子阅报栏和户外 LED，南方传媒集团拥有 2 亿多的用户。这是我国实力较强的报业传媒集团。

第一节 南方报业传媒集团的战略和发展经营理念

一、发挥自身优势，把传统纸媒办好

近年来，南方报业传媒集团在"深耕主业、多元开拓、加快转型、融合发展"战略的指导下，先后启动了南方网与南方日报深度融合、南方舆情数据服务、289 艺术园区和"南方+"客户端、采编一体化平台等多个重点项目，以集团整体转型为主体、以集团重点项目和各媒体创新重点的"一体两翼"融合发展格局丰富发展、成效显著，传播力、引导力、影响力、公信力不断提升。集团旗下《南方日报》连续 32 年发行量居全国省级党报首位；《南方周末》为全国影响力最大的新闻周报；《南方都市报》全国都市类报纸综合影响力排名第一；《南方农村报》为全国最具影响力的三农媒体；《21 世纪经济报道》全国财经媒体综合影响力第一；南方+、并读客户端下载量稳居 app 第一方阵。

2018 年正式公布的第十五届《中国 500 最具价值品牌》显示，南方报业传媒集团品牌总价值达 933.71 亿元，仅次于中央广播电视总台、人民日报社，位居全国媒体机构第三位。其中，《南方日报》品牌价值为 377.95 亿元，较 2017 年增加 23.7%，总排名为 119 位，与《人民日报》《参考消息》共同跻身全国平面媒体前三。《南方都市报》《南方周末》分别以 326.85 亿元、228.91 亿元的品牌价值，在榜单中分列第 148 位、第 199 位。南日报连续 15 年入选，其品牌价值继续位居全国平面媒体第三位，连续 15 年位居全国省级党报第一位！根据 2017 年第十四届《中国 500 最具价值品牌》的数据，南方报业传媒集团品牌总价值已达 764.09 亿元，在全国媒体机构中位列第三。集团旗下的《南方日报》《南方都市报》《南方周末》都榜上有名。

二、与时俱进，把媒体融合工作做实

互联网时代给传媒业带来了颠覆性的变革挑战与历史机遇。近年来，南方传媒集团把传统媒体的内容优势和新兴媒体的传播优势结合起来，积极推进媒体融合发展。实现两者的深度融合、一体发展的新天地。得人才者得天下，为了事业发展，南方传媒集团启动了"南方名记培育工程"，提出在新媒体时代名记们既要做"纸红"、更要做"网红"，要按照有"颜值"、有素质、有气质，腹有诗书、心有用户、肩有担当的标准，将名记打造成有别于一般"网红"的"主流网红"。[①]

南方网是广东综合新闻门户网站，是广东省委机关网，是广东媒体融合第一平台，与《南方日报》、《南方》杂志、南方+客户端共同构成广东"一报一刊一网一端"党媒立体宣传格局。其业务范围涵盖信息发布、商业广告、电子政务、技术服务等领域，日均发稿更新6 000多条，日均访问量超过3 000万人次，网民用户遍布全球各地，是广东最具传播力影响力的龙头骨干新型主流媒体。腾讯·大粤网是由中国最大的互联网公司腾讯公司和中国最具影响力的报业南方报业传媒集团联手打造，由腾讯网和南都报系具体运营的项目。该网依托广东地区5 400万QQ用户群及强大的原创内容优势，涵盖新闻、娱乐、消费、互动等多个方面，为用户提供实用、快速和贴心的消费资讯、本地新闻和生活服务产品，给用户带来一种全新的网络生活方式。奥一网从属于南方报业传媒集团控股、南方都市报系旗下的深圳市奥一信息网有限公司，融网络媒体和传统媒体之长，定位于"深圳首席生活门户"，并致力于建设以新闻互动为核心的城市门户，具有"杂交、两栖、混血"的特点，力求为市民提供最快速、最详尽、最具服务性的各类新闻和资讯。《南方周末》的全媒体业务包括报纸、网站、移动端以及SNS平台，注册总人数超过1 200万。《南方都市报》则形成了多种媒介组合的传播媒介群，包括数字报、南都手机报、iPhone + iPad客户端、"南都视点·LED联播网"、南都官方微博群等。

[①] 黄常开：《既要做"纸红"，更要做网红——南方报业人才培育工程的创新思路与实践》，《中国记者》2016年第12期。

第二节　南方报业传媒集团履行的政治责任

一、学习贯彻习近平讲话精神，引领广东各项工作正确方向

作为中共广东省委机关报，南方日报在履行社会责任、引领正确方向方面起了无可替代的作用。为了学习宣传和全面贯彻落实十九大精神，把全党全国各族人民思想统一到十九大精神上来，从2017年10月31日起，南方日报连续刊发10篇评论员文章，全面阐述、深刻解读十九大精神，为广大读者奉上一道精神大餐，成为党员干部学习贯彻十九大精神的重要参考。

习近平总书记2018年3月7日上午，参加了十三届全国人大一次会议广东代表团的审议，他在听取部分人大代表的发言以后，发表了重要讲话。他充分肯定了广东省在改革开放和社会主义现代化建设中的重要地位和作用，提出了广东省在构建推动经济高质量发展体制机制、建设现代化经济体系、形成全面开放新格局、营造共建共治共享社会治理格局上要走在全国的"四个前列"。"四个走在全国前列"是习近平总书记对广东的明确要求。为了贯彻落实习近平总书记参加广东代表团审议重要讲话精神，南方日报、南方网、南方+等，以南方日报评论员的名义，从2018年3月9日开始到15日，连续发表了7篇评论，如《努力构建推动经济高质量发展体制机制》《以更宽视野更高要求更有力举措推动全面开放》等。这组系列评论解读准确、评析深刻、刊发及时，在各大新闻媒体平台广为传播，这对凝聚共识，提升自信具有重要的引领作用。

二、宣传改革开放经验，推动全面深化改革

为纪念改革开放40周年，"解读广东改革密码"，南方日报、南方网、南方+派出精兵强将，从2018年5月21日到7月25日，10路记者奔赴广东10地采访，历时两个多月，用了10个跨版、近10万字，推出10篇大型系列报道向这不平凡的40年致敬。这组系列报道推出以后，引起了强烈的反响。它们是《风起深圳：从蛇口到前海》（05-21）；《开放广州：从白天鹅到琶洲岛》（05-29）；《奔腾珠海：从拱北口岸到港珠澳大桥》（06-05）；《从龙湖荒地到华侨试验区，是时候了解一个全新的汕头了！》（06-12）；《蝶变凤城：从"清远经验"到"农综改样本"》（06-20）；《闯将顺德：从讲"德语"到讲"世界语"》（07-25）；《有为南海：从"敲锣打鼓贺富"到"冠军集群"闯世界》（07-25）；《激荡东莞：从农业大县到"世界工厂"》（07-25）；《先行中山：从永宁村到翠亨新区》（07-25）；《奋发湛江：从湛江港到东海岛》（07-25）。这一组文章追寻广东那段"杀出一条血路"的历史轨迹，重温那40年不变的改革精神，解读广东改革开放成功的密码，挖掘历史经验，这对鼓舞改革斗志起到了良好的社会效益。

"解读广东改革密码"活动刚刚结束，7月26日，南方报业传媒集团、广东广播电视台、南方财经全媒体集团联合广东省社会科学院、广东省社会科学界联合会、《红旗文摘》杂志社等科研院所和媒体在广州举办主题为"传承与创新：广东改革开放四十周年的经验与启示"的第七届中国南方智库论坛。与会专家学者系统总结、凝练出广东改革开放形成的四条宝贵经验：一是改革开放必须坚持解放思想、实事求是；二是改革为了群众、依靠群众，改革成果由群众共享；三是改革开放要坚持正确的方法论，既要先行先试、先易后难，又要统筹兼顾、协调推进；四是要正确处理好改革、发展与稳定之间的关系。广东改革开放的经验，对我国实施全面深化改革具有重大的借鉴作用。2018年10月18日，南方日报推出40个版的《弄潮》特刊，解读改革开放的东莞密码！东莞被誉为"改革开放精彩而生动的缩影"，是改革开放大潮中的"弄潮儿"。

三、联动粤港澳，关注大湾区

2017年3月5日李克强总理的《政府工作报告》中，首度提到粤港澳大湾区。"要推动内地与港澳深化合作，研究制定粤港澳大湾区城市群发展规划，发挥港澳独特优势，提升在国家经济发展和对外开放中的地位与功能。"大湾区是由广东的广州、深圳、珠海等9市和香港、澳门两个特别行政区形成的城市群。2017年3月7日，广东省已启动"粤港澳大湾区规划"编制，并出炉了《广东省深化泛珠三角区域合作实施意见》，提出到2020年，粤港澳大湾区、珠江—西江经济带等跨区域合作建设目标初步实现。

2018年,南方日报、南方网、"南方+"新闻客户端,派出多路记者走访香港、澳门等地,聚焦人流、物流、资金流、信息流等问题,收集了超过150位全国及省人大代表、政协委员(包括港澳籍)的意见建议,并与20多名粤港澳商界知名人士深入交谈,推出一组"粤港澳大湾区深调研之港澳篇"。这是继2017年底南方传媒集团推出"粤港澳大湾区深调研之世界三大湾区篇"之后,又一深度专题报道。这为粤港澳大湾区的建设,起到了很好的沟通宣传作用。2018年4月1日,广深港高铁香港段开始试运行。9月23日港深高铁正式通车!从此,内地总长超过25 000千米的国家高铁铁路网,就与26千米长的铁路香港段无缝对接了。港深广高铁的联通,有助于香港在"一带一路"的国家战略布局中发挥更大作用。港澳珠大桥从2018年9月28日起一连三日进行联合试运,10月23日上午,被英国《卫报》评为"新世界七大奇迹"之一的港珠澳大桥在珠海举行开通仪式,习近平总书记出席仪式并宣布大桥正式开通。港珠澳大桥跨越伶仃洋,东接香港,西接珠海和澳门,总长约55千米,是粤港澳三地首次合作共建的超大型跨海交通工程。南方传媒对此作了及时和详尽的新闻报道。10月22日—25日,习近平总书记时隔六年,再次来到广东考察工作。在珠海、清远、深圳、广州等地,他深入企业、高校、乡村、社区,饱含深情地回忆改革故事,满怀期待地盼望广东经济社会发展,殷切寄望广东抓住机遇、迎接挑战,高举新时代改革开放旗帜,继续全面深化改革、全面扩大开放,以更坚定的信心、更有力的措施把改革开放不断推向深入。26日,南方日报在要闻A叠推出16版特别报道《沿着总书记指引的道路奋勇前进》,这是南方报业全媒体此次重磅策划中的重头戏。

第三节 南方报业传媒集团履行的社会责任

南方报业集团既追求经济效益,也讲社会效益,并把两者的关系处理得很好。

一、服务经济建设,关注民众福祉

2018年是贯彻落实党的十九大精神的开局之年。从国际看,2018年世界经济有望继续复苏，但全球经济仍然面临诸多复杂挑战，全球金融政策与财政政策出现调整，贸易保护主义愈演愈烈，地缘政治风险依然存在。2018年6月29日，首届（2018）南方传媒智库高端论坛在广州举行，这个论坛是由南方报业传媒集团主办的。南方传媒智库矩阵揭牌成立，十大智库机构应运而生。2018年7月，新兴、惠东、清远等县、市多家政务新媒体集体入驻南方号，"南方号·粤文化矩阵"、广东旅游"南方号"矩阵相继启动。在其带动下，"南方号"入驻单位总数成功突破4 000家，"南方+"客户端累计下载量突破4 000万。2018年7月20日，由南方日报主办的"全域视野，品质粤游"论坛暨南方旅游产业研究院成立仪式在穗举行。这将以媒体型智库助力广东旅游大发展。2018年7月31日，在国家卫生健康委医政医管局和广东省卫生计生委的支持和指导下，南方报业传媒集团、南方都市报举办广东"互联网+医疗健康"峰会，峰会上启动了南都"互联网+医疗健康"研究中心。峰会上还发布了《广东医院"互联网+医疗健康"服务便民榜》。2018年8月2日下午，南方+客户端走进广东省广告集团股份有限公司举行推介会，向省广集团领导和各相关部门同事介绍了南方日报、南方+客户端的经营发展情况，并重点介绍了南方+客户端的产品和营销资源。双方详细探讨了南方号在商业运营模式中的开发和应用。

二、关注文化事业，助力文化振兴

中共十九大报告提出要"坚定文化自信，推动社会主义文化繁荣兴盛"，为了激发整个中华民族文化创新创造活力，建设社会主义文化强国。南方传媒集团在关注文化事业方面做了很好的尝试，以实际行动践行文化自信。2018年4月21日，第十六届华语文学传媒大奖颁奖典礼在顺德北滘文化中心举行。这个奖项2003年由《南方都市报》设立，是目前中国年度奖金含金量最高的纯文学大奖，在华语文学界和社会大众中产生了较大的影响。2018年9月26日第二届南都杯中小学生非虚构作文大赛启动，活动时间截止到11月15日。大赛分为小学组、初中组和高中组三个组别，体裁以记叙文为主，字数不限。作文大赛鼓励独特的观察与认知、鲜明的个性与思考，美妙构思和诗意表达。2018年8月6日，南方报业文化传播有限公司与广州越秀区文广新局代表广府庙会组委会与达成"鳌鱼"IP授权合作，双方举行了授权签约仪式，南方报业文化传播公司将助力广府文化与广府庙会的推广。"2018 南国书香节暨羊城书展"8 月 10 日—14 日在广州的琶洲国际会展中心举办。广东省出版集团、南方传媒统筹省内 20 家出版机构参展。南方传媒 8 家出版社携 2 000 余种、10 000 余册图书参展,近期新书占 50%。由南方日报、南方+客户端和广东省文物局联合出品《宝览南粤》系列新媒体产品,自 2018 年 6 月 9 日推出以来,累计点击量已突破千万。

2018 年南方传媒人坚持正确宣传舆论导向,以"文化守望者,知识摆渡人"为职业使命,积极探索产业优化、内容优良、效率优先、团队优秀的发展新模式,全力推进媒体深度融合和"一体两翼"战略布局,打造中国最具活力和成长性的出版传媒企业。在纪念改革开放 40 周年之际,重点推出《习近平改革开放思想研究》《广东改革开放史》《中国改革大逻辑》《复兴之路》《四十年四十事:改革看广东》《广东改革开放决策者访谈录》等系列丛书,完成《风云四十年》大型纪录片拍摄及出版工作。他们正在为全力打造岭南文化高峰而努力。

三、参与社会事务,营造良好风尚

党的十九大提出了乡村振兴的战略部署。解决好"三农"问题,是全党工作的重中之重,因为"三农"问题是关系国计民生的根本性问题。2018 年 2 月 4 日,《中共中央国务院关于实施乡村振兴战略的意见》公布,再次锁定"三农"工作,聚焦乡村振兴战略。广东高度重视"三农"工作,推进乡村振兴战略,努力让农民成为有吸引力的职业,让农业成为有奔头的产业,让农村成为安居乐业的美丽家园。南方+和南方农村报专门开辟了"乡村振兴"专栏,积极宣传未来三年广东将打造 5 个千亿农产业、唱响一批"粤字号",广东省"一村一品、一镇一业"富民兴村三年行动方案(2018—2020 年),推出了"中国国情决定乡村必须振兴"等重磅系列文章。广东农业信息网、南方+客户端对初选的广东乡村振兴 40 位"生力军"进行评选,选出"生力军"第一季 10 强,作为寻找广东乡村振兴"生力军"第一季的重点宣传对象。评选采取"网络投票+专家评审"的形式。网络投票时间是 2018 年 9 月 23 日早上 8:00—9 月 30 日晚上 10:00。网络投票成绩占比 30%,专家评审成绩占 70%。这对实施乡村振兴实业有很多的推动作用。

为了在全社会更好地营造尊医重卫的氛围，2018年8月19日在全国首个中国医师节到来之际，由广东医生原创的主题音乐《相信》横空出世。这是由南方日报、南方+联合广东省卫生计生委、广东各大医院联手打造的原创歌曲。政府、医院、媒体强强联手，用创意融媒体音乐作品唱响主旋律，这是前所未有的尝试。四位歌曲演唱者中，有三位是来自一线的广东医生，一位是来自南方传媒的记者。他们充满真情的演绎，打动人心。歌曲一出台，就在融媒体产品中广为传唱。从线上和线下来看，都取得了不俗的成绩。南方+是歌曲《相信》的首发平台，在推出的第一天，就有超过82万的点击量；第二天，又在《人民日报》新闻客户端获得了100万+流量；央视《新闻1+1》栏目也给予了报道，8月20日晚上播出的节目中，《相信》作为背景音乐贯穿节目始终。据统计，转载这首歌曲的网站、客户端、微信公众号超过500个。《相信》这首歌曲在广东省医师节座谈会以及广东省医师协会千人庆祝大会现场播出，还在位于全广州人流量最大地点的三块LED大屏幕播放，覆盖千万人次。这首融媒体音乐的问世，以人民大众喜闻乐见的形式，在媒体融合时代唱响了主旋律，传递了正能量，融洽了医患关系，抒发了白衣天使的自豪感和自信心，体现了南方主流媒体的责任和担当，在巩固和壮大党和政府的舆论阵地方面，出色地履行了媒体人的使命。

第四节 南方报业传媒集团履行的经济责任

南方报业传媒集团是我国经济实力非常雄厚的报业集团，其成功并非偶然。

一、推行并购+投资，注重资本运作

南方传媒集团推行并购+投资：注重资本运作，推进文化企业供给侧结构性改革。按照"政府引导，市场运作""先易后难，分类整合"的原则，充分发挥南方传媒作为上市国有文化传媒企业的资源整合作用，把握机遇，主动推进，积极稳妥推动省内出版发行资源的整合。

2017年1月3日，南方报业传媒集团旗下凯迪网络社区收购kdnet.club域

名,凯迪社区是全球华人最具影响力的言论及媒体平台,官网域名是 kd-net. net,论坛域名 http://club. kdnet. net/。2017 年 2 月 24 日,南方出版传媒股份有限公司全资子公司广东南方传媒投资有限公司发起设立南方传媒产业并购基金。2017 年 5 月 3 日,南方出版传媒签约百亿级新媒体产业基金投资项目。作为新媒体产业基金的子基金——南方传媒产业并购基金,由南方传媒全资子公司广东南方传媒投资有限公司、广州证券创新投资管理有限公司和广东省粤科母基金投资管理有限公司共同发起设立。初始规模为 10 亿元,围绕南方传媒战略规划,主要投向重组并购项目、数字出版、文化创意设计、信息服务、在线教育培训等领域。按照总规模 30% 的比例,南方传媒产业并购基金获投金额为人民币 3 亿元。南方传媒产业并购基金将围绕南方传媒主业,培育孵化和储备一大批优质的新媒体、媒体融合与数字化转型项目,积极推动南方传媒利用上市公司的便利条件,加速并购整合步伐,走出一条内涵增长与外延扩张相结合的新型产业发展之路。2017 年 11 月 25 日,南方传媒子公司新华发行集团斥资逾 4.17 亿入股广州银行,购买广州银行不超 1.33 亿股股份。2018 年 4 月 20 日,南方传媒集团一行 8 人去肇庆市洽谈旅游合作项目。南方传媒集团表示,将尽快编制完善肇庆市文化旅游合作项目的策划方案,双方就有关项目投资和合作共同探讨可行性。2018 年 6 月 27 日,南方报业传媒集团与深圳高新投集团签署战略合作框架协议,双方确定将在品牌宣传、产业基金、产业园区项目等领域建立战略级合作伙伴关系,携手共建媒体、金融、产业相互融合的深度合作关系。

二、积极拓展市场,经济效益显著

2017 年,南方传媒公司采取了一系列的措施,如稳步拓展市场,巩固教育出版核心优势;深耕出版主业,擦亮岭南文化品牌;加强渠道建设,推动发行业务提质增效;整合教育资源,推动报刊产业转型升级;发挥资本杠杆作用,撬动改革创新发展新动力;优化产业布局,聚焦产业发展质量提升。因而营业收入可观。具体业绩令人瞩目。①

---

① 同花顺财报:《南方传媒:2017 年报净利润 6.11 亿同比增长 44.8%》,2018 年 4 月 28 日,http://stock. 10jqka. com. cn/20180522/c604593553. shtml。

表 5-2　南方传媒主要会计数据和财务指标

报告期指标	2017 年年报	2016 年年报	本年比上年增减（%）	2015 年年报
基本每股收益（元）	0.720 0	0.530 0	35.85	0.580 0
每股净资产（元）	5.45	4.37	24.68	3.56
每股公积金（元）	1.99	1.32	50.45	0.41
每股未分配利润（元）	2.312 0	1.918 6	20.5	2.031 1
每股经营现金流（元）	0.371 0	0.662 7	-44.02	0.731 7
营业收入（亿元）	52.51	49.18	6.78	46.02
净利润（亿元）	6.11	4.22	44.8	3.77
净资产收益率（%）	14.680 0	12.800 0	—	17.740 0

根据上表，公司实现了 2017 年全年营业收入 52.51 亿元，同比增长 6.78%；净利润 6.5 亿元，同比增长 29.31%，其中归属于母公司所有者净利润 6.11 亿元，同比增长 44.80%；截至 2017 年 12 月 31 日，公司总资产达 91.01 亿元，同比增长 5.72%；净资产达 49.36 亿元，同比增长 11.88%，再创发展新高。

南方传媒 2018 年 8 月 24 日发布半年度报告显示，2018 年上半年净利增加 16.2%。南方传媒公司半年度营业收入 2 283 576 523.59 元，同比增加 6.66%，归属上市公司股东的净利润 255 555 034.74 元，同比增加 16.2%。这是一份亮丽的成绩单。

结　语

2018 年 9 月 5 日，以"新融合·新态势"为主题的第十一届中国传媒经营大会在辽宁丹东隆重举行，南方日报荣登"中国传媒经营价值百强榜"榜首，并被授予大会最高奖项——"年度综合排名特别大奖"，经营价值列全国省市党报第一位。"南方+"客户端入选"全国报刊业新媒体 30 强"。南方传媒业绩的取得，有多方面的发展优势：资源禀赋优势、规模优势、渠道优势、品牌优势、国际化优势、人才优势。广东省 2017 年的 GDP 是 8.99 万亿元，占全国的10.5%，连续29年居全国首位，五年年均增长7.9%。经济大省、经济强省为文化大省、文化强省的建设，奠定了坚实的物质基础。早在2016年10月，南方报业传媒集团就印发实施《加快融合发展三年行动计划（2016.10—2019.10）》，着力打造四大新媒体拳头产品和六大产业转型标杆项目，不断创新产业模式，力争在2019年南方日报创刊70周年之际，建设成为新闻服务领先、传播手段先进、产业形态丰富、拥有强大舆论引导力和市场竞争力的智慧型文化传媒集团。2018年是南方报业传媒集团的"智慧转型年"，集团以移动优先、数据优先、用户优先为重点，打造党媒宣传、立体传播、数据服务和产业拓展平台，深入推进融合转型，加快从传统报业集团向智慧型文化传媒集团的跨越发展。在改革开放40周年之际，我们有理由相信：南方报业传媒集团的明天一定会更好。

第六章　北京青年报社会责任报告

刘小三[①]　王更喜[②]

内容提要： 本文主要分析了北京青年报2017年履行社会责任的情况，取得的主要成绩，并就其存在的不足进行了分析并提出相应建议。本年度，北京青年报始终坚持社会效益为先的原则，追求经济效益和社会效益的统一，积极履行相应的社会责任。其在发挥正确引导、舆论监督、服务社会大众、繁荣社会文化、遵守职业规范和法律法规以及安全刊播、合法经营等社会责任方面取得了良好的成绩。其舆论引导正确有力，以团结稳定鼓劲正面宣传为主，做好重大主题报道，引导社会热点；舆论监督更加深入，紧紧围绕百姓关切的问题开展监督工作，维护社会公平正义；积极为社会大众提供公共服务，重视社会公益活动和人文关怀；在繁荣社会文化责任方面，北京青年报坚持专业化和精品化，积极参与影视作品投资的创作，成果日益增多；更加重视安全刊播和职业道德规范，严格执行编辑、记者准入制度和员工思想政治、职业理想、专业素养教育；在合法经营方面，实施企业功能和事业功能分离的运作模式，上市公司北青传媒公司严格按照上市公司制度运营，舆论宣传部门则以社会效益为首。作为共青团北京市委机关报，北京青年报2017年在履行社会责任方面体现了应有的责任担当。当然也有一些不足之处，比如在舆论引导方面应加大引导力度，创新引导方式；在舆论监督和服务社会方面应进一步扩大范围和质量；在繁荣文化方面应提升文化产品的生产数量和质量。针对相关问题，本文也提出了相关建议。

关键词： 北京青年报　社会责任　现状　问题与改进

---

① 刘小三，西藏民族大学新闻传播学院副教授，传播学博士，研究方向为：形象传播，对外传播。
② 王更喜，国家互联网应急中心，传播学博士。

第一节　北京青年报媒体概况

《北京青年报》是共青团北京市委机关报，创刊于1949年3月，如今已发展成为以青年视角反映时代，面向社会最活跃群体的综合性日报。当前，北京青年日报社已形成了"十报五刊二网"的格局，并拥有北青传媒股份有限公司、北京北青文化艺术公司、北京北青户外广告有限公司、北青联合通信传媒科技（北京）有限公司、北京北青教育传媒有限公司等数十家公司。

随着媒介融合时代的到来，北京青年报报社抓住历史发展机遇，开拓发展思路，依靠自身优势资源，逐步推进自身的跨媒体、跨地域和跨行业融合发展，打造了一个以北京青年报为核心产品的现代传媒集团，逐步形成以传统媒体为支撑，以基于数字电视、互联网和移动互联网技术的新媒体为发展方向的综合性媒体机构，并成为中国内地第一家在境外上市的主流媒体。

目前，北京青年报集团正在推进以"北青"品牌为核心，以数字传媒、社区传媒、教育产业、旅游文化产业、体育产业和影视产业六大板块为支撑的"1+6"战略布局，实现北京青年报在事业和产业上的繁荣发展，实现经济效益和社会效益的双赢。

第二节　北京青年报履行社会责任现状

一、舆论引导和社会监督责任

坚持正确的舆论导向，以团结稳定鼓劲正面宣传为主，加强社会舆论热点引导，统筹好舆论监督和舆论引导两个方面的有机统一，在服务大局中履职尽责。2016年2月19日，习近平总书记在调研三大央媒时指出，"新闻舆论工作各个方面、各个环节都要坚持正确的舆论导向"。2017年，北京青年报始终坚持党性原则和"导向"原则，认真履职履则，认认真真做好舆论引导和社会监督责任。

1. 正确引导社会责任履行情况

（1）坚持正确政治方向，做好重大主题报道，引导社会热点。舆论热点往往是受到社会广泛关注的事件、现象或问题，既有事关全局的国内外大事，又有事关群众切身利益的民生问题，加强相关问题的正引导，在当今舆论热点呈现出多元、多样多变的时代具有重大意义。2017年，北京青年报围绕中共中央和北京市委大局工作，积极做好重大主题的新闻报道工作。

一是积极布置和准备十九大宣传报道工作，圆满地完成十九大新闻报道任务。比如，在十九大正式召开前，北京青年报用5个版面策划推出了"建设先进文化之都系列报道"展现首都北京的文化发展状况；在十九大召开期间，推出了《悉心听报告 信心说未来》专题报道，通过对广大基层党员干部和普通群众的采访，报道他们对十九大报告的理解，并积极解读十九大报告的内容以及报道社会各界对十九大报告的热烈反响；十九大结束后，北京青年报又精心组织北京代表团对十九大报告进行宣讲，畅谈对十九大精神的理解，共刊发相关稿件20余篇，近2万字，为十九大精神在北京的传播和实践创造了良好氛围。同时，北京日报在采用传统媒体全力报道十九大精神外，还积极采用新媒体平台配合十九大报道：官方微博开设了"党的十九大进行时"话题，发送相关报道信息60余条，阅读量达700余万次，其微信和"政知"系列公众号围绕十九大时政热点推出系列高质量、有影响的稿件，创造了多篇10万+的传播效果，并与各大主流新媒体平台密切合作，形成了良好的传播效应，圆满地完成了十九大的报道和热点问题引导任务。

二是积极配合北京市"疏解整治促提升"专项行动，积极引导社会舆论。为此，北京日报开设了"疏解整治促提升一线记录"和"加强城市治理，建设和谐宜居之都"等多个专栏，进行了大量接地气、有温度、重实效的报道，增加社会对相关行动、政策的理解、认同和支持，引导社会舆论服务于该专项行动。期间相关报道发稿15 000余字，配发大量主打图片，取得了良好的社会反响。

三是积极做好香港回归祖国20周年报道。香港回归周年纪念是国家的一件大事，2017年恰逢香港回归20周年，北京青年报围绕回归主题，组织了5名具有香港教育经历的记者组成报道小组，采访亲历香港回归的相关人士和普通市民，推出了4个版的"瞰香江"专题报道，产生了广泛的影响。

四是做好在北京举行的"一带一路"国际合作高峰论坛。北京青年报记者前往"一带一路"沿线国家和国内的郑州、西安和阿拉山口等地实地采访，并采访了相关国家驻华大使，推出"丝路纪"系列专题报道，同时在峰会现场抓取多篇高质量的报道，形成"现场报道＋专题策划"的报道格局。

此外，北京青年报还全力做好两会报道、习近平总书记视察北京市三周年和北京市党代会等主题报道。

（2）积极推动媒体融合与转型，利用新媒体渠道和平台提升新闻舆论引导力度。新媒体时代，作为传统主流媒体的北京青年报通过向新媒体融合与转型，开通"两微一端"平台，打造新媒体矩阵，提升新闻传播能力和引导力。

当前，微信公众号"政知"新媒体品牌网络用户近千万，入驻平台达16个。其中入住头条的"政知道"用户大200万，总阅读量逾20亿，"政知新媒体"的搜狐号，阅读数高达6亿，"政知见""政知圈""政知道"三个企鹅号阅读量均超过1亿，是同类媒体中阅读量最高的时政类品牌。

北青官方微博2017年粉丝数达800多万，本年度有30余条原创微博单条阅读量突破千万，最高达6千余万人次。此外，北青传媒2017年还开发了"北京头条"app，截至本年12月实现130万下载量，日活动用户最高时达6万余人次。

同时，北京青年报北青网大力实施"提升自身内容品质，加强业界合作"的战略，在确保PC端流量稳步提升的基础上，进一步加强了移动端内容传播的力度。如今移动传播已成为北京青年报吸引用户和流量的主战场，也是其发挥舆论引导的重要渠道，在配合主报完成十九大、全国"两会"、北京市党代会和"一带一路"国际合作高峰论坛报道方面发挥着重要的作用。

（3）强化精品意识，狠抓作品质量，做好重大时政报道、主题报道。2017年，北京青年报在中国新闻奖、北京新闻奖等评奖活动中获得多项奖励，比如，在第27届北京新闻奖中，有4项作品获得一等奖；在第27届全国人大新闻奖评选中，北京青年报送报的《首届北京监察委主任今天诞生》荣获北京市唯一一等奖。

（4）妥善引导社会热点，弘扬社会正能量。针对北京市百姓热切关心的问题，北京青年报及时跟进，积极引导，维护社会核心价值和正能量。比如，自2017年6月开始，北京青年报先后在东单、磁器口、日坛路等10余处开展"礼让斑马线"活动，刊发多篇相关报道，呼吁驾车司机在人行横道处礼让行人。这不仅在社会引起了极大反响，更获得了北京市委书记蔡奇同志的肯定，由此引发了全北京市开展形式多样的"礼让斑马线"活动，起到了良好的示范带头作用。

2. 正确履行舆论监督责任

坚持正面宣传为主，并不是排斥问题、回避矛盾，并不是不要舆论监督。习近平总书记强调："舆论监督和正面宣传是统一的。"① 正面宣传和舆论监督侧重点不一样，但出发点是一样的，都是通过新闻报道达到激励人、鼓舞人的目的。北京青年报在开展正面舆论引导的同时，也非常重视发挥自身的舆论监督功能。

比如，针对共享单车乱象，北京青年报率先报道了上千共享单车"围困"八王坟东公交车站的现象，并发出"你若停好，便是晴天"的活动号召，引发了社会的普遍关注和响应，推动了共享单车乱象的治理；针对北京外卖乱象，该报于2017年12月刊发了《10份外卖8份分量少于堂食》的系列报道，引发了相关管理部门的强烈关注，促使国家食药监总局出台了相关文件，对游离于监管范围之外的外卖行业纳入规范体系；北京青年报报系下的法治晚报通过暗访海底捞、劲松店、太阳宫店，历时2个月揭露了海底捞火锅环境脏乱差问题，网络浏览达8亿人次，引发了社会广泛关注和有关部门的重视，推动了餐饮业食品安全问题的改善。

二、履行提供公共服务的社会责任

1. 关注民生，做好便民信息服务。为大众提供社会服务是大众媒体的重要功能之一，在媒介化社会，媒介的服务功能越发显得重要。北京青年报历来高度重视涉及百姓的社会信息服务职责，用及时迅速的民生信息服务于百姓生活。比如对采暖试水、道路交通规划等相关消息，及时进行全面的报道，让百

---

① 《习近平总书记党的新闻舆论工作座谈会重要讲话精神学习辅助材料》，学习出版社2016年版，第7页。

姓深入了解相关信息，并综合利用各种新媒体渠道和平台及时传递相关信息，方便群众接受和互动，服务于社会大众。

2. 扎根基层，突破信息服务最后一百米。北京青年报北青社区传媒扎根社区，为社区居民提供精准的信息服务和生活服务。

在信息服务方面，北京青年报探索了一条传播内容从聚众传播向分众传播再向精准传播的新路子，多篇新闻报道取得了良好效果。比如北青传媒通过"两微一端"和今日头条独家报道的有关通州《车辆限行限号、行政区划调整……通州2018年大动作全面解读》就为各大媒体广泛报道，让广大通州市民及时了解与自己切身利益相关的各项信息和事件。

在社会服务活动方面，北青社区传媒根据群众的现实需要，打造了一批市级、区级品牌活动。比如"社区健康大讲堂""旅游进社区""北京社区足球联赛"等，在丰富广大人民群众文化娱乐生活的同时，也提升了自身的品牌影响力。同时，充分利用自身的报刊发行渠道，做好便民物流服务，并与南京晟邦、顺丰、百度、饿了么等进行合作，做好外卖、快递等各类便民物流服务，开拓服务领域和范围。

3. 注重人文关怀，坚持以人为本。作为一家文化事业单位，北京青年报十分重视履行自己对社会的人文关怀责任，在日常报道中始终关注弱势群体，呼吁社会尊重、保护这一群体。

比如，微信公众号"教育圆桌"于2017年6月27日推送的《今天，清华大学专门给这位考生写了封信：人生实苦，但请你足够相信！》，点击量达720万，7月12日北京青年报在一版头条又推出《什么样的教育让魏祥足够相信？》，微信公众号配合推送，短时间出现了网络刷屏的现象。

在灾难事故报道中，坚持以人为本，关爱生命。在四川九寨沟地震突发灾难性新闻的报道中，除了对灾难状况采用权威信息如实报道外，还及时对救灾过程中相关部门的辛勤工作进行宣传，对救灾过程中引起社会关注的"最感动逆行图"的新闻人物进行全面采访，用感人的事迹向社会传递感人的人民子弟兵形象。

三、繁荣发展文化责任履行情况

1. 大力倡导文艺评论板块，引领文化创作方向。2017年，北京青年报持续推出高水平文艺评论性报道,对发生在文化传媒领域的产品进行密切关注与评论,比如对电视、网络、电影、戏剧、美术、文学等诸领域的热点事件和核心话题进行专业化、高水准的评论,对引导社会主义文化沿着正确的方向发展起着重要作用,对维护社会主义核心价值观和国家文化安全、意识形态安全发挥着促进作用。

2. 参与投资影视剧,繁荣文化市场。2017年,北京青年报积极参与影视剧投资,开发精品影视剧产品,弘扬社会主义文化和主流价值观。本年度,北京青年报投资拍摄电视剧《百年追梦》和《启航》,其中前者入选北京市"文化精品工程"重点项目,《启航》被列为2018年"改革开放40年"献礼作品之一。另外,北青网还投资拍摄网络剧《素手遮天》,北青传媒投资拍摄《天下粮田》,都获得了极高的收视率,成为本年度名副其实的历史正剧标杆性作品。

3. 线上线下协同推进,助力传统文化传承发展。北京青年报2017年积极申请北京市文化艺术基金项目,推出了"谈艺说戏话北京"北京戏曲文化分享会活动,连续举办了5期,邀请著名的京剧大师、国家一级演员等先后在北京梅兰芳大剧院、通州文化馆开展国粹传播传承活动,吸引了广大人民群众和京剧爱好者的参与。这对国人重新认识中国传统文化、传承传统文化具有重要的现实意义。

此外,北京青年报副刊打造"青睐"品牌系列活动,形成"青睐讲座""人文寻访""雅致生活""艺术院线"("一大三小")布局,2017年总共举行了77场高端文化活动,深受读者欢迎。

4. 发挥自身宣传优势,以北京国际电影节为载体普及电影文化。2017年4月,北京国家电影节召开,北京青年报承接了该项目的宣传推广任务。在此期间,青年报组织采写团队共发通稿200余篇,编辑、出版官方日报128版,并完成了电影节的外景设计、制作、布置和发布,组织了18场新闻发布会。通过自身的新闻宣传活动,形成了众多新闻热点,以话题性新闻带动新媒体的互动传播,激发了广大人民群众对电影文化的关注和兴趣,拓展了北京国际电影节的群众基础。

5. 主办社科知识竞赛,普及优秀社科知识,传播优秀文化。2017年8月至9月,北京青年报联合北京市社会科学界联合会举办了"2017人文之光"社科知识竞赛，约1.5万人参与了本次活动。该活动围绕大运河文化开展知识竞赛，积极营造全市上下推进"大运河文化带"建设的良好氛围，激发了广大市民对大运河文化的深厚兴趣。在此过程中，该报社还联合北京市社科联开辟知识竞赛专栏，相继推出了7期有关大运河知识的连载。

四、积极履行安全刊播责任，坚守职业规范和法律法规

2017年，北京青年报坚持稳中求进的工作总基调，积极履行安全播出责任，坚守职业规范和法律法规，严格审核把关，筑牢安全防线，净化舆论环境和不良内容，坚决维护国家意识形态安全和文化安全，营造良好的媒介生态环境。

本年度，北京青年报严格执行本报社的新闻采访、编辑、发布工作流程等各项规章制度，从制度上和源头上堵住导向不正确的新闻和可能存在的漏洞，保证新闻在内容和流程上的安全发布。特别是在重大活动和主题报道期间，更是强化流程控制，保证刊播绝对安全。比如在"两会"等关键时期，增加社长审核头版机制；对新媒体内容的采写编发与纸媒统一标准，"两微一端"上的内容必须由编委以上人员审读同意方能对外发布。

除从工作制度和流程上保证刊播安全外，报社也十分重视对员工的职业规范和思想道德素养的教育。(1)组织全社员工学习习近平总书记提出的"新闻舆论工作职责和使命48字方针"。2017年4月，北京青年报社党委组织全社11个党总支、党支部党员再次学习习近平总书记"2·19"重要讲话精神，开展"增强四个意识、提高政治站位"大讨论活动，深刻领会"新闻舆论工作职责和使命48字方针"的深刻内涵和指导思想，并把其深入贯彻到自己的工作实践中。(2)开展"四个意识"主题教育活动。在北京团市委的要求下，积极开展政治意识、大局意识、核心意识和看齐意识主题教育活动，前后四次邀请有关领导和专家学者就相关主题为员工做了专题讲座，提升了本单位全体员工"四个意识"的自觉性，为做好本职工作建立了深厚的理论基础和思想政治基础。(3)严格执行编辑、记者准入制度，加强记者职业精神培训。北京青年报严格按照国家新闻出版广电总局和北京市新闻出版广电局的要求，严格遵守新闻编辑、记者准入制度。记者聘用坚持公开、公平、公正原则，职业素养和思想道德素质优先，并加强入职后的职业规范培训，树立其坚定的新闻理想和职

业追求。严禁聘用有不良从业记录的新闻工作人员，对本报社新闻从业人员实行职业道德规范一票否决制。同时，定期对员工进行新闻业务和政治理论培训，保证从业人员扎实的专业基本功和过硬的职业素质和政治素质。（4）尊重知识产权，保护原创和版权。在新媒体时代，新闻版权问题日益突出，北京青年报进一步加强了对北青生产的各类原创新闻产品的保护。一方面持续监控移动互联网媒体内容，二是加强维权监督力度，自身不侵犯他人的新闻版权，尊重他人的原创成果，同时在现有法律法规的条件下维护自身的权益。2016年6月13日，全国人大常委会著作权法执法检查组在北京青年报社调研室，对北京青年报在新闻版权的保护方面给予高度肯定和赞扬。

遵守各项法律法规，保障新闻从业人员权益。报社在人才使用方面也严格遵守国家相关法律法规，尊重员工的合法权益。2017年，北京青年报修订完善了《北京青年报社员工带薪年休假管理办法》《北京青年报社员工岗位调整暂行办法》和《规范报社薪酬发放体系和程序的方案》，保障员工合法权益。在日常工作中，涉及员工切身利益的重大事项，向员工广泛征求意见，发扬民主精神，保障员工的合法权益。

五、合法经营责任履行情况

北京青年报作为一家企业化经营的事业单位，在做好党和政府喉舌的同时，报社积极参与市场化经营，严格按照国家相关规定规范经营，合法纳税。报社实行经营功能和事业功能分离的运作模式，广告经营部门实行独立经营，其上市公司北青传媒公司严格按照上市公司制度运营，以维护股东利益为首要任务；舆论宣传工作接受北京宣传部、北京市新闻出版广电局、北京团市委领导，以社会效益为第一位。

在广告经营方面，加大广告审查力度，杜绝虚假广告和低俗广告的发布，追求经济效益和社会效益的统一。在经营工作中，制定切实可行的广告审查制度和审查流程，实行广告业务员、审查员和广告部门负责人"三级审查"制度，层层把关，确保杜绝虚假违法广告和导向不正确的广告，并留出大量版面刊发公益广告，推进社会主义核心价值观和中国梦的传播，取得了良好效果。

第三节　履行社会责任方面的不足和改进建议

北京青年报作为共青团北京市委的机关报，因其身处首都地区，相较于其他地区的青年报，具有较强的影响力和导向性，因而在发挥社会舆论引导和监督功能方面也肩负着更为重要的角色。特别是随着新媒体时代的到来，北京青年报在全国的影响力将进一步提升，因而也就需要更加重视自身的社会责任担当。尽管2017年北京青年报十分重视履行自身的社会责任，在履行正确引导责任、提供社会服务责任、履行人文关怀责任、促进文化繁荣发展责任和履行安全播出、遵守职业道德、法律法规责任方面均取得良好效果。但与当前国家的要求和社会公众的期待之间还存在着一定差距，有着极大的提升空间。

一、履行社会责任方面存在的问题

1. 在舆论引导方面，引导力度和引导方式有待加强。特别是在新媒体时代，传统主流媒体对新媒体的传播新规律把握不够，不能及时有效地采取灵活多样、内容丰富的舆论引导方式，导致正确引导的效果不够理想。特别是在价值多元化和传播碎片化时代，单调的宣传模式在弘扬社会正能量和主旋律方面急需改进，探索卓有成效的新方式、新手段，实现传统主流媒体与新媒体舆论生态的对接。

2. 在内容生产方面，新闻作品的影响力有待提升。随着传统媒体与新媒体的融合发展，北京青年报大力推进融合转型，"两微一端"和社会化媒体矩阵格局日益成熟，从技术上已经走在了时代前列。但在内容生产特别是具有影响力内容方面，难以满足新媒体时代的社会需求。北京青年报纸媒、微信公众号和"北青即时"、app等影响力的形成，有待于其所承载的高质量内容，以便更好地发挥媒体正确引导社会责任的功能。

3. 履行提供社会服务责任方面，服务意识仍需要加强。从现有资料来看，由于受限于传统纸媒的局限性，北京青年报在履行社会生活服务方面存在力度不均衡、形式单一和覆盖面不足等问题。其主要的社会服务体现在新闻信息服务方面。但在新媒体时代，新闻信息传播渠道多元化和自媒体化，作为传统主流媒体的北京青年报很难体现自身的优势。在此情况下，其应发挥自身的品牌影响力和优势，开拓更加多元化的服务类型，提供更多的百姓服务、精神服务，开展更多接地气、有温度和个人化的社会服务，解决百姓的实际问题。

4. 在社会监督方面，监督内容和平台建设较薄弱。综观北京青年报2017年社会监督方面的内容，主要集中于食品安全和环保议题方面，监督领域狭隘。舆论监督和舆论引导是辩证统一、相辅相成的。过于狭隘的舆论监督反过来将影响着舆论引导的效力。同时，在新媒体时代，舆论监督需要发挥群众的作用，实施参与式舆论监督，发挥新媒体平台的互动性特征，提升舆论监督的效率。此外，除了社会日常的监督外，还要强调对党和政府以及领导干部作风的监督。但从目前来看，北京青年报回避了这方面的监督。

5. 在繁荣文化方面，内容生产创新有待加强，精品不精现象仍然存在。尽管北京青年报积极参与影视剧的投资，但更多的是从投资产出角度的盈利出发。虽然也产出了一些优秀作品，但作为一家有影响力的媒体和上市公司（北青传媒），其在履行社会文化繁荣职责时，其原创内容数量和质量仍有待提升，需要树立精品意识，扩展眼光，紧盯全国乃至全球市场，以优秀的内容提升自身的国际传播力和引导力。

二、北京青年报提升社会责任执行力的建议

1. 进一步坚定"正确政治方向和舆论导向"的意识，认真履行职责和使命。北京青年报应坚持"党媒姓党"和政治家办媒体的指导思想，其旗下各分媒体、各环节和各部门都要坚持正确的舆论导向，实现时政类新闻、民生新闻、娱乐综艺节目和广告传播讲导向的全覆盖。同时，充分利用其所掌握的新媒体技术创新舆论引导的手段、内容和方式，以人民群众喜闻乐见的方式实现党和国家政策的传达、社会主流价值观和社会主义核心价值观的培养，充分利用新媒体时代传播的互动性，引导人民群众主动参与正能量事件，在实践中自觉践行党和国家的大政方针。

2. 加大精品内容的创新力度，提供富有影响力的精神文化产品。社会主义文化的繁荣发展需要媒体源源不断地提供精品文化产品。这些精品文化产品不仅实现良好的经济效益，也同时发挥着正面引导的作用，对生产者的正面形象

产生重要影响,产生着社会效益。因此,北京青年报在繁荣文化发展方面,应进一步提高专业性,加强影视剧和相关文化产品的原创性和精品化,构建专业化的影视生产人才队伍和生产机制,创新文化创意产业,在追求内容产品数量的同时,重视产品质量,力争推出精品,打造"现象级"传媒节目,发挥自身资源优势,以多种形式,积极参与文化产业发展。

3. 重视公共服务,积极创新社会公益活动形式和内容。在互联网+时代,北京青年报应充分利用自身主流新型媒体的优势和多年积累的品牌价值,开拓服务社会的领域和形式,提升服务社会的能力,为社会提供更多的公共产品。除了传统的发布公益广告和关注弱势群体外,需要充分利用新媒体时代的精准传播和个人化传播特征,结合公众、用户自身的需求,提供精准化的公共服务,提高社会服务的质量和针对性。比如积极参与国家"精准扶贫"战略,提升公共服务的战略性和可持续发展,避免公共服务效果的短暂性和一次性。

4. 加强社会监督职责,维护社会公平正义。随着风险社会的到来,维护社会稳定除了需要正面舆论引导外,也需要加强社会监督,对社会乱象进行揭露和批评,对社会不良现象进行警示和纠正,降低社会风险发生的概率。北京青年报应聚焦人民群众关切的领域,比如社会伦理、反腐倡廉和法治建设等,开展舆论引导和监督,解决公众关切的社会问题,维护公众的利益。此外,应充分利用新媒体渠道和平台,便于公众参与互动,协助政府实施网络问政和网络施政,提高舆论监督的广度和深度。[①]

[①] 本文关键数据主要和部分内容参考自《北京青年报社会责任报告(2017年度)》网络版:新华网,http://www.xinhuanet.com/zgjx/2018-05/30/c_137206019_6.htm,2018年8月10日。

第七章　陕西日报社会责任报告

王　亮[①]

内容提要：本报告对《陕西日报》2017年度社会责任执行情况进行梳理与评述，通过分析《陕西日报》2017年度社会责任报告和其他公开发表的资料，发现《陕西日报》作为陕西日报传媒集团主报，在2017年度按要求执行了媒体社会责任，完成舆论引导、社会监督、市场责任、责任管理等多个方面的社会责任。研究同时也发现，《陕西日报》在执行社会责任时还存在一些不足，主要表现在三方面：内容的吸引力不够、媒体转型中遇到困难、执行社会责任的主动性和创造性不够。《陕西日报》今后需要关注和解决这几方面的问题。

关键词：陕西日报　社会责任　年度报告

第一节　陕西日报传媒集团基本情况

《陕西日报》是全国省级党报中创刊时间最长的党报之一，《陕西日报》的前身是《边区群众报》，该报创刊于1940年3月25日，由毛泽东同志倡议创办并题写报名。《边区群众报》践行群众办报路线，每期报纸出版前，都要给10余位不识字的群众讲读报纸内容，只有在群众听懂后才会出版报纸。《边区群众报》深受陕甘宁边区人民群众欢迎，当地群众创作顺口溜赞誉《边区群众报》，"有个好朋友，没脚就会走；七天来一次，来了不停口；说东又说西，肚里样样有；交上这朋友，走在人前头"。1954年10月，该报由《群众日报》改名为《陕西日报》，《陕西日报》是中共陕西省委机关报。《陕西日报》共有

[①] 王亮，博士，西安外国语大学新闻与传播学院副教授，主要研究传媒经济与新媒体。

要闻、理论、党建、经济观察、产经新闻、科教新闻、省内新闻、社会法制、百姓心声、三农聚焦、视觉新闻、体育新闻、秦岭副刊、新视点、新丝路、新闻调查、时事新闻、地产周刊、健康周刊、旅游周刊、消费周刊、汽车周刊、评论周刊、关中直击、陕南瞭望、陕北观察等20多个版块。

2012年3月2日，陕西日报传媒集团正式挂牌成立，在全国省级报业集团中，陕西日报传媒集团的成立时间较晚。截至2018年7月，陕西日报传媒集团拥有5份报纸、2份刊物、4家网站。5份报纸分别是《陕西日报》《三秦都市报》《陕西农村报》《当代女报》《西部法制报》，2份刊物为《新闻知识》《报刊荟萃》，4家网站包括陕西传媒网、三秦网、陕西农村网、西部法制报网。《陕西日报》作为集团领头羊，年均发行量21万份，在全国省级党报发行量排行中位居第10名，人均发行量排名第9名。《陕西日报》在2010年、2011年、2012年三次获得"省级党报十强"称号，2012年第五届中国报刊广告峰会上，《陕西日报》进入"中国报刊广告投放价值排行榜"省级日报十强榜单。2013年，中国报业协会授予《陕西日报》"中国报业广告创新集体"奖。在2015—2016中国报刊经营价值排行榜中，《陕西日报》在省级日报中排名第七。《三秦都市报》是陕西唯一全省发行的都市报，陕西传媒网由国务院新闻办授予国家一类新闻网站。

陕西日报传媒集团拥有6家公司，分别是陕西日报广告有限公司、陕西日报发行有限公司、陕西日报印务有限公司、三秦都市报传媒有限公司、陕西日报投资有限公司和陕西日报新媒体发展有限公司，这6家公司的业务主要围绕陕西日报传媒集团的核心业务展开。

第二节 陕西日报执行社会责任现状

2011年，第一部国内传媒行业社会责任报告《中国传媒行业社会责任报告》由北京大学新闻与传播学院中国传媒社会责任课题组发布，在借鉴参考了国际标准化组织ISO26000指标体系的基础上，课题组制定了中国传媒行业社会责任指标体系，并在全国抽取了200家媒体作为研究样本，通过问卷调查、深度访谈等多种方法，全面系统地研究了中国传媒行业社会责任问题。研究发现，国内传媒业对社会责任的认识远远不够，很多媒体将社会责任理解为承担公益慈善责任。总体而言，时政类媒体比市场化媒体更好地履行了社会责任。

2014年，11家首批试点媒体发布了自身履行社会责任的情况报告，11家试点媒体包括中央电视台、经济日报、中国青年报、人民网、新华网等5家中央新闻单位和新闻网站，以及解放日报、湖北日报传媒集团、浙江卫视、河北日报、齐鲁晚报、湖北广播电视台等6家地方新闻机构。首批试点媒体从八个方面阐述社会责任，分别是履行正确引导责任、提供服务责任、人文关怀责任、繁荣发展文化责任、遵守职业规范责任、履行合法经营责任、安全刊播责任、保障新闻从业人员权益责任。

陕西日报2014年度至2017年度连续发布了社会责任报告，社会责任报告从履行正确开展新闻宣传报道的责任、提供社会服务责任、人文关怀责任、繁荣发展文化责任、安全刊播责任、遵守职业规范责任、合法经营责任、保证新闻从业人员权益责任方面存在的不足和改进方式等多个方面阐述了传媒在社会责任方面的表现。随着陕西日报传媒集团在市场中稳步发展，陕西日报传媒集团也在不断改进和提升社会责任执行水平。

一、社会责任：从古典观点到利益相关者理论

社会责任起源于商业研究领域，不同学者对社会责任有不同的定义和理解。经济学界对社会责任有两种主要的观点，一是古典观点或纯粹经济学观点，这种观点认为，企业的社会责任就是追求利润最大化，为股东赢得最大的利润回报。诺贝尔经济学奖获得者弗里德曼提出，大部分经理是职业经理，他们并不拥有他们经营的公司，他们是雇员，只对股东负责，因此他们的主要责任就是按股东的利益来经营业务。弗里德曼认为，现代公司的股东们只关心公司的财务收益率。他认为，企业把资源用在其他任何领域都会增加成本，而这些成本总会转嫁给消费者。因此，为股东赢得最大化商业利润就是企业的社会责任。弗里德曼说："公司领导人接受除了尽可能为自己的股东牟利以外的社会责任是一种风尚，很少有风尚比这一风尚更能如此彻底地损害我们自由社会的基础。"另一位诺贝尔经济学奖得主哈耶克也抱有同样的看法，他说："允许甚至强迫公司，让它们把资源用于它们所支配的资本的长期回报最大化之外的

目标这种趋势，会赋予它们一些不应有的、对社会有害的权力。"

与古典观点相对立的是社会经济学观点，这一观点认为，企业的社会责任不仅仅是创造利润，还要保护和增进社会福利。企业不应该仅仅为股东负责，还需要为它所在的社会服务，企业应该承担一些推进社会福利的活动。

美国管理学家罗宾斯把社会责任定义为企业追求有利于社会的长远目标的一种义务，它超越了法律和经济所要求的义务。罗宾斯认为，首先，任何企业都应该在法律的范围之内运作。同时，企业还应该追求更高的目标。罗宾斯提出，把社会责任和社会义务以及社会响应作比较有助于理解社会责任。

社会义务是指，如果一个企业履行了经济和法律上的义务，就认为该企业履行了它的社会义务。这是一个最低程度的要求，社会义务在一定意义上表现为股东利益最大化。罗宾斯提出，社会责任要求企业决策合乎道德标准和道德规范。而社会响应是指一个企业适应变化的社会状况的能力。一个具有社会响应能力的组织之所以采取某种行为方式是因为它希望满足某种普遍的社会需要。社会响应由社会准则所引导。

自20世纪80年代以来，越来越多的学者开始质疑古典的股东至上论，一些学者提出企业社会责任的利益相关者理论。该理论认为，企业不仅仅要实现利润，还要满足利益相关者的需求。对媒体而言，利益相关者理论是一种从媒体自身出发，考察媒体社会价值和社会角色的新视角。利益相关者理论从媒体自身出发，将媒体视为负责任的行动主体，从传媒的角度考察媒体责任问题。在研究视角上，利益相关者理论从社会视角、政府视角转向媒体自身。企业界的经验已经证明，利益相关者理论具有较高的操作性，可以改进企业绩效水平。

二、舆论引导与社会监督责任

在舆论引导与社会监督责任方面，陕西日报传媒集团坚持正确的舆论导向，积极引导社会舆论，主动开展社会监督，认真组织了一系列相关报道，履行舆论引导与社会监督责任。

1. 党的十九大宣传报道

2017年10月召开了党的十九大，陕西日报传媒集团通过立体化、全方位的报道矩阵，向世界报道了十九大的盛况。十九大召开期间，《陕西日报》平均每天有8个版面集中报道党的十九大,在8天中总共推出81个整版的十九大特刊和要闻报道,《陕西日报》报道十九大的文字稿件500余篇,累计60多万字。《陕西日报》开设的"十九大时光""十九大报告解读""专家学者谈十九大精神"等专栏深入宣传了十九大精神和习近平新时代中国特色社会主义思想。陕西日报传媒集团高度重视政治导向,在2017年社会责任报告中,《陕西日报》写道,该报的理论宣传报道"字字导向、句句政治"。

2. 习近平总书记在梁家河系列报道

1969年初到1975年,习近平作为知识青年到延安市延川县梁家河村插队,在梁家河的岁月磨练了习近平的意志,习近平后来回忆说:"15岁来到黄土地时,我迷惘、彷徨;22岁离开黄土地时,我已经有着坚定的人生目标,充满自信。作为一个人民公仆,陕北高原是我的根,因为这里培养出了我不变的信念:要为人民做实事!无论我走到哪里,永远是黄土地的儿子。"2015年2月13日,习近平回到阔别已久的梁家河,他对乡亲们说:"当年,我人走了,但我把心留在了这里""我人生第一步所学到的都是在梁家河。不要小看梁家河,这是有大学问的地方。"

2017年12月4日至8日,《陕西日报》推出《"不忘初心 牢记使命"——探寻习近平总书记在梁家河的青春足印》系列报道。该报道每天在1、2版推出,分为《眷眷深情藏沃土》《筚路蓝缕启山林》《博学笃行重实践》《责重山岳勇担当》《初心益坚中国梦》五个系列。该系列报道从习近平总书记在梁家河的插队经历入手,深入宣传了习近平新时代中国特色社会主义思想。

3. 社会监督领域深度报道

2017年,陕西日报传媒集团围绕政治、经济、社会、文化、环境、教育等多个主题,发表了一系列有影响力的报道,一些报道对社会问题进行了舆论监督。如针对基层环保部门员工故意干扰环保数据的问题,《陕西日报》发表了《棉纱堵塞采样口干扰监测数据——直击西安环保工作人员破坏计算机信息系统案庭审》一文。

三、市场责任

陕西日报传媒集团通过媒体融合不断提升履行市场责任的能力。在新媒体建设方面,集团拥有由陕西传媒网、陕西文明网、新媒网、妇女网、丝路网、

"掌中陕西"客户端、"新丝路"客户端、陕西传媒网微博和微信、陕西日报微博和微信共同组成的新媒体矩阵。2014年下半年推出的"掌中陕西"手机客户端的用户数量快速增加，累计用户数超过35万。2015年5月21日，陕西日报传媒集团为了落实"一带一路"丝绸之路经济带倡议，相继推出"丝路网""新丝路"两个手机客户端。2017年3月，又推出以理论性、权威性为特色的说说网。《陕西日报》官方微博、微信拥有近23万粉丝，陕西日报传媒集团子媒体的微博粉丝总数超过100万。在2017全国两会省级党报两微传播力排行榜中，《陕西日报》官方微信排名全国第四位。陕西文明网位居全国文明网站第一方阵，在全国25家省级文明网站中位居第二，"三秦巾帼"微信得到陕西政务微信优秀传播奖。陕西传媒网是陕西日报传媒集团的官方网站，陕西传媒网确立了"一大宗旨""两上目标""三大措施"的战略目标。其中，"一大宗旨"是把习近平总书记提出"建成几家拥有强大实力和传播力、公信力、影响力的新型媒体集团"作为网站经营运作的宗旨；"两上目标"是在2020年前实现经营上亿、公司上市；"三大措施"指狠抓品牌建设、做大经营产值、全面强化人才建设。实现这些战略目标可以显著提升陕西日报传媒集团履行市场责任的能力。

陕西日报传媒集团积极履行市场责任，将市场责任与社会责任有机统一起来。2017年，《陕西日报》共刊发公益广告212次，共计96.5个版面，按照版面价格计算，公益广告版面超过1 000万元。《陕西日报》制定了《陕西日报质量管理处罚办法》《陕西日报广告质量管理办法》等相关文件，并在内部设立了专职的广告审查员，构建三级广告审核制度，该制度由"广告刊登人员、广告审核人员、分管领导"三级层层审核把关，实行"三审一票否决制"，严把广告质量关。仅《陕西日报》拒绝刊发的违法保健食品、药品和医疗广告就达到200余万元。2017年，《陕西日报》共计刊发广告版面1 116个，公益广告版面96.5个，共计700多万字。在2017年全年，《陕西日报》没有刊登任何违法的保健食品、药品和医疗类广告。

四、社会责任

陕西日报传媒集团积极履行慈善公益等社会责任，并主动关爱集团员工。2015年5月，陕西日报传媒集团的《三秦都市报》成立公益记者微信公众号，内容主要有公益互助活动、科学实用信息、生活工作指南和热点新闻资讯。公号运营半年后，粉丝数量便增加到 30 万人，截至 2017 年底，共募集近千万善款和物资给受助人，该公号已经成为国内都市类媒体中影响力最大的公号，公益记者的负责人连续四年获得全国十佳公益记者称号。公益记者微信公众号入选"2015 陕西传媒创新十佳"，并推出陕西公益品牌活动"520 公益季"，在陕西倡导将 5 月 20 日设为公益日，提倡每人每年至少有一天时间做公益。2016 年 2 月，公益记者公众号募集百万资金启动"健和堂——公益记者援助计划"，该援助计划主要用于援助曾经做过好人好事、给社会传递正能量，但眼下需要救助的人群。《陕西日报》还包扶 67 户 199 位铜川耀州区小丘镇移村的贫困户。

在关爱员工方面，陕西日报传媒集团坚持以人为本的理念，将关爱员工、保护员工合法权益落在实处。根据《中华人民共和国劳动法》《中华人民共和国劳动合同法》等相关法律规定，《陕西日报》和所有合同制员工签订《陕西日报社劳动合同书》。陕西日报传媒集团参加陕西省省级机关事业单位养老保险及职业年金，依法为员工缴纳社会保险基金，按照员工上一年度月平均工资的 8%、4% 缴纳个人部分养老金和职业年金。支持员工休年假，每年给员工体检一次，当员工住院、去世、生育时给予慰问。陕西日报传媒集团对 20 多名长期患病和困难职工送慰问金，对参加高考考入大学的职工子女给予多种奖励。

五、责任管理

陕西日报传媒集团高度重视责任管理工作。在时政要闻和理论文章方面，执行社长、总编辑一把手亲自把关的原则，实行"三审三校"制度。在业务流程上保证做到"杜绝差错，拒绝出丑"，杜绝各种错误。相关机构在 2017 年进行了两次报刊质量考核，《陕西日报》不仅考核结果合格，有一次考核的差错率为万分之零点六二五，在全国媒体排行榜中位居第 11 位。

集团积极完善各项采编管理制度和措施，通过深入开展转变作风、改进文风和工作作风活动，提升新闻队伍的作风和业务水平。《陕西日报》规定，报社 45 周岁以下的男员工和 40 周岁以下的女员工，都要到基层联系点体验生活，要到生产生活的一线，与群众同吃、同住、同劳动，加深新闻工作者同群众的感情。这些做法和措施产生了明显的效果,《陕西日报》在总结中指出,"群众们反映说,现在欢迎记者来农村,就像当年欢迎红军来农村一样"。

陕西日报传媒集团举办多场新闻采编人员培训班,培训员工200人左右。培训班由资深记者和专家授课,完成培训后学员还要分小组进行实地采访。陕西日报传媒集团分批次派员工赴人民日报、浙江日报等党报机构交流学习。集团不断想方设法加强会议的实效性和针对性,据《陕西日报》人员介绍,"对参会人员提出具体要求,让来开会的同志有一种'开会就像过堂'的紧迫感,大家会争得面红耳赤,火药味很浓"。

第三节 陕西日报执行社会责任时存在的问题

在新传播技术和工具突飞猛进、传播环境深刻变革的大背景下,传统媒体在执行社会责任过程中遇到比以往更多的挑战和困难,陕西日报传媒集团作为以党报为龙头的传媒集团,在执行各项社会责任的过程中遇到不少挑战和困难,这些问题限制了陕西日报传媒集团执行社会责任的能力。

一、内容的吸引力不够

在以互动性、社交性、定制化为特色的新媒体环境下,《陕西日报》的内容对读者缺乏吸引力。《陕西日报》作为省委机关报,承担着党报应该承担的责任和使命,但党报也应该具有较强的可读性,增强报纸对受众的吸引力,让读者喜欢看、愿意看,才能更好地发挥党报的作用。因此,在新环境下如何提高党报的吸引力和可读性,增强党报的传播效果,是摆在陕西日报面前的重要问题。

陕西日报也较为深刻地认识到这一问题,在2015年和2016年的社会责任报告中,陕西日报都指出了该问题。例如,2015年的报告中,陕西日报指出,"党报的可读性需要进一步的提高,要创新报道方式方法、手段、内容,让党报更加鲜活生动,可读性进一步增强"。在2016年的报告中,陕西日报提出,报纸的"工作性报道较多,可读性有待于进一步提高,需要创新报道方式方法、内容、形式,进一步增强报纸的可读性"。

二、媒体转型的困惑

在新媒体环境下,传统媒体需要主动向新媒体转型,陕西日报采取了一些措施进行转型,但这些措施的力度和效果仍然有待进一步增强,陕西日报在转型问题上依然存在很多困惑。

比如,陕西日报为了顺应新媒体技术环境,相继建立了网站、公众号和客户端等多个新媒体平台,这些新平台也在一定程度上扩大了陕西日报的传播范围和影响力。但这种转型仍然属于延续性创新逻辑下的"传统媒体+互联网",传统媒体将新技术视为既有技术和产品的延伸,认为媒体融合就是在既有产品中纳入各种新技术,试图通过开发各种新媒体产品来实现转型。这种转型是不彻底的,而且常常会限制新技术可能具有的市场潜力,原本以新市场为目标定位的新技术产品被改造成为主流市场服务的产品。

三、执行社会责任的主动性和创造性问题

媒体的社会责任是一个含义非常宽广的概念,媒体可以通过很多方式、途径执行社会责任,陕西日报在2015年至2017年的社会责任报告中对自身执行社会责任的情况进行了较为详尽的总结,总体而言,陕西日报较好地执行了社会责任,但在执行社会责任时的主动性和创造性仍然有进一步提升的空间。

第四节 陕西日报提升社会责任的路径与方法

一、改进表述方式、提高内容吸引力

增强内容对受众的吸引力,是陕西日报提升社会责任的重要路径,只有内容对受众具有强大的吸引力,才能有效提升传播效果,执行媒体的社会责任。《陕西日报》作为陕西省委机关报,既要保证党报应有的严肃性、导向性,也要具有贴近性、可读性,让受众愿意阅读,愿意接受报纸传达的信息。陕西日

（一）《瞭望》新闻周刊 OUTLOOT

《瞭望》新闻周刊是中华人民共和国最早的新闻周刊，1981 年 4 月邓小平亲自批准由新华通讯社主办。创刊初期为大型新闻时政月刊，1984 年改为周刊。创刊以来一直致力于独家发布来自中国高层的第一手资讯，深度解析中央重大政策精神、时事内情及政经动志。《瞭望》新闻周刊具有敏锐的新闻洞察力，注重挖掘重大的独家新闻和组织重大主题报道，注重对中国和世界重大事件的权威性深度报道，注重对国内外政治经济社会现象和发展趋势的准确性和前瞻性剖析。主要栏目包括：瞭望论坛、专题报道、热点观察、财经、高层决策背景、时事聚焦、焦点人物、特稿、人物、科技、专家视点等。创刊时的"中南海纪事"是著名专栏。高层决策背景、专访、特稿等是《瞭望》的名牌栏目。《瞭望》新闻周刊的读者群主要是中央政治局常委、委员、中央委员、中央及国务院各部委领导和干部，各省、自治区、直辖市、地区和地级市、县和县级市及部分乡镇领导和干部，大中型企事业的中高层管理者，科研机构、高等院校的中高层知识分子、专家学者，跨国公司、使领馆等驻华机构的高管人员，媒体从业人士，国际政界、经济界著名人士和研究机构。

《瞭望》新闻周刊发行量一直位居中国内地时事新闻周刊首位，在海内外形成了高素质、有影响力且稳定的读者群，是中国时政类新闻周刊的一面旗帜。据新华社统计《瞭望》新闻周刊文章被海内外各类媒体广泛转载，转载率达 50% 以上，其中重要栏目的文章转载率高达 100%，西方主流新闻媒体及近 40 家有影响的华文报刊每年转载量都在几千篇次；[1] 截至 2018 年 6 月 6 日《瞭望》新闻周刊共出版文献 50 635 篇、总被下载 1 666 626 次、总被引 29 716 次、综合影响因子 0.160，复合影响因子 0.247[2]。1992 年、1996 年、2000 年、2004 年、2008 年、2011 年期刊被评为中文核心期刊。此外《瞭望》新闻周刊曾获评社科双高期刊、首届全国优秀社科期刊，2018 年入选第三届全国"百强报刊"。[3]

---

[1] http://lw.xinhuanet.com/htm/aboutus.htm.
[2] 数据来源为中国知网。
[3] 《关于公布第三届全国"百强报刊"推荐结果的通知》2018 年 3 月 2 日 http://www.gapp.gov.cn/sapprft/contents/6588/359936.shtml.

（二）《环球》杂志 GLOBE

《环球》全彩半月刊创刊于 1980 年 5 月，融权威性、知识性和趣味性为一体，为 20 世纪 80 年代的中国读者打开了一扇了解世界的窗口。该刊在解读中国外交政策领域以及国际社会具有一定权威性，一经面世就赢得了广大读者的关注和喜爱，迅速成为发行量达 50 万册的以国际时事为主的综合性杂志，在国内同类刊物中名列前茅。

《环球》杂志注重以全球化的视野，关注全球化时代的时政、经济、科技、社会、文化等领域的新闻资讯，为中国读者提供了一个全球化观察的权威平台；她注重在全球化的背景下观察中国的发展，并提供国际参考和全球经验；她注重聚焦国际国内重大新闻和重大问题的交叉点，提供原创性、思想性、前瞻性和权威性的报道。

依靠新华社遍布海外的 100 多个派驻机构和国内 31 个地方分社近 4 000 人的新闻信息采集网络，联合海内外大批知名专家、学者以及资深撰稿人，《环球》杂志能够快速、准确地采集和整合新闻信息，以特有的全球视野、理性的分析和深邃的洞察力呈现犀利的观点，令读者在阅读中仿佛置身于风云世界的舞台，把握全球发展大势，了解人类社会各种新知，展开更广阔的思考。

自创刊至今，《环球》杂志的报道涵盖了 38 年来的全球重大新闻。《环球》杂志对海湾战争、美国轰炸南联盟、伊拉克战争和联合国改革等国际重大事件的报道，在读者中和社会上产生了巨大影响：联合国秘书长安南、俄罗斯总统普京、国际奥委会主席萨马兰奇、世界银行行长沃尔芬森等众多著名人士，都曾接受过《环球》杂志的独家专访。

定位于综合类全球时事新闻刊物的《环球》杂志，面对年龄跨度大和职业涵盖面广的知识型群体。从高中学生一直到退休干部，《环球》杂志在各年龄段都拥有广泛的忠实读者群。其中男性读者占 70%，女性读者占 30%。按行业划分，《环球》杂志的读者主要分布在政府机关、科研院所、高等学府、部队系统等。此外，《环球》杂志的内容对外国驻华使领馆和国际组织、跨国公司在华机构人员具有较强的实用性和参考性，成为他们了解中国对国际事务的观点和看法的一个重要平台。

1999 年，《环球》由月刊改为半月刊，传承风格，与时俱进，时效性、可读性和信息量得到进一步加强，内容更丰富，特色更鲜明。2002 年，鉴于 21

世纪传媒业的发展需求，《环球》改版为中国第一本全彩国际品牌半月刊。内文从原来的64页增加至72页，文本采用国际标准流行开本，文稿全部采用全铜全彩四色印刷，内容更鲜活，版式更新颖，大刊品质得到极大提升。2005年7月《环球》进入瞭望旗下。2009年，《环球》由原来的72页增加至96页，采用全彩色印刷。使得内容更加丰富和广泛，适合各年龄段读者阅读。照片也更加精美，可读性进一步增强。

《环球》是改革开放的产物，思想解放的旗帜。创刊以来，面对竞争激烈的报刊市场，《环球》心系读者，克服困难，不断进取，力争先锋。使《环球》在国内外报刊市场的影响力不断扩大。在广大读者的呵护下，《环球》逐步成为一本极具影响力的名牌刊物，是中国众多期刊中唯一被海外媒体经常广泛转载的杂志，也是国内众多同类刊物中唯一有驻外记者的国际品牌刊物。

（三）《瞭望东方周刊》OUTLOOK ORIENTAL

《瞭望东方周刊》于2003年11月18日在上海创刊。由新华社主管，瞭望周刊社主办，瞭望东方传媒有限公司出品。办刊宗旨是权威性、国际性、建设性。以社会变革中出现的各类股份制企业、民营企业、外资企业的管理、技术、研究人员，各类中介组织的从业人员，各类创业人员，自由职业人员等新兴社会阶层为目标读者主体，同时为政府决策者、国企引航人、知识精英层提供主流政经时事资讯。

《瞭望东方周刊》依托新华社遍及全国和全球的新闻报道网络，拥有独有的新闻资源采集优势。在京沪两地分设强大采编机构，重大新闻亲历现场，重大选题深入调研。依靠国内外一流学者，每周纵观世界大事，密切关注影响中国政治与经济安全的大国关系、周边动向，更注重以全球眼光来观察国内政经走势。《瞭望东方周刊》把全球新闻网络与本地化表述相结合，创造出权威、独特、新锐、严谨、迅捷的报道风格。《瞭望东方周刊》注重第一时间解读中国高层决策背景，从新兴阶层读者关注的角度切入，深层次报道重大政治、经济、社会新闻。自创刊以来，一个又一个重大选题不断吸引着公众的注意力。凡社会新兴阶层读者关注的重大问题、重大新闻，《瞭望东方周刊》都努力用新的表述方式提供有效价值含量高的信息和分析，"新政一周年""信访洪峰""盐城圈地黑洞""北京新兴医院神话""追问郎咸平""第三代浙商崛起""向总理提问""谁在举报顺驰"等，被上百家报纸、杂志、网站转载。短短一年间，周刊发行量就迅速攀升为同类期刊前列，网络转载率和点击率都已位居国内政经类杂志的前茅。

周刊的核心读者群是800多位中央部委负责人、3 000多名各省市机关团体领导、2万名大中型企业高层管理者、京沪两地超过2万的高端读者、其他中心城市8万名高端人群。

《瞭望东方》以诚实为至高原则，以深度为第一追求，传递新知识，开拓新视野，致力于发掘新闻背后的新闻，揭露表象下面的真相。《瞭望东方》不主张用善恶对立的简单二分法去判断纷纭复杂的世间万象，努力超越新闻事件表面的冲突、矛盾，去发现内在的规律性成因和制度性缺失，推动制度创新，推动社会进步。

《瞭望东方》是《瞭望》舆论阵地扩展的产物，使《瞭望》形成了以《瞭望》新闻周刊主打公务员为主体的公费订阅市场；《瞭望东方周刊》主打新兴阶层个人消费为主体的零售市场的组合。随着市场扩张，作为党的主流新闻周刊的社会影响力、舆论引导力也在扩大。

（四）《财经国家周刊》

《财经国家周刊》是新华社推出的第一本财经类期刊，2009年12月28日面世，是《瞭望》品牌时事政经期刊集群系列刊物之一。

在内容定位上，《财经国家周刊》强调两个"一线调查"，即来自产经一线的调查研究、来自中央决策一线的调查研究。为政府管理部门和大型企业提供及时、可靠的深度财经调研资讯，为社会公众和舆论提供权威、准确的专业财经调研观点，凸显其"为中国社会转型与国家崛起提供思想"的高端定位，从而打造一个有着广泛海内外影响力的"中国首席财经周刊"。

《财经国家周刊》将始终坚持全球视野与中国视野统一、宏观分析与微观洞察统一、财经专业与新闻专业统一，秉持全面客观调查研究的理念，立足于对中国与海外正在发生的财经大事进行深入研究与思考判断，目光及于经济规律运行的最深层，让读者《财经国家周刊》在手，便能清晰洞察财经趋势。

《财经国家周刊》是新华社集全社之力打造的、走市场化之路的财经周刊，以打造"中国首席财经大刊"为目标。《财经国家周刊》是新华社推出的第一本财经类期刊。它将全面对接与深入研究中国社会转型与中国崛起面临的大格局、大课题，"不回避，负责任，建设性"将是《财经国家周刊》勇于担当媒体使命的前提。《财经国家周刊》将不断向全球发出前瞻性的"中国判断",勾勒全球财经报道的"中国坐标",以负责任的专业水准,打造与大国崛起进程相适应的国际一流财经大刊,进而赢得全球尊重。

《财经国家周刊》的办刊理念,是把国家利益和公众利益有机地结合起来,做到公众利益至上、国家利益至上,就是这本刊物的主流价值所在。杂志的目标是办成一本在中国的重大现实问题、未来发展的重大问题、事关公众利益与国家利益紧密相连的一切问题上,能够真正体现客观、真实、全面、建设性、负责任风格的杂志。此外杂志特别强调权威性,确保给公众提供的信息真实、权威、准确、客观、全面。①《财经国家周刊》冀望承载这样的使命:它将用权威性博取公信力,用专业性赢得话语权,用创新性获取影响力。在经济全球化的大格局和中国社会大转型的情势下,为大国崛起与社会转型提供更权威更客观更可信的信息解读、观点梳理、思想支撑、价值建构,能与中国崛起和中华复兴这个伟大时代相匹配。

(五) 瞭望智库

瞭望智库是新华社批准成立的、立足于国情国策研究的智库机构,由成立于2009年6月的瞭望全媒体传播有限公司全资控股,位于北京。瞭望智库依托新华社遍布全球的信息调研网络与深耕国策研究的基因,获得了财政部中央文化产业资金专项支持,并与创刊4年的《财经国家周刊》形成了"一刊一智库"的呼应格局。

瞭望智库定位于政经、财经领域,与决策机构、海内外权威研究机构密切互动,针对国家政策、区域发展、行业运行,提供"政策早研究""瞭望智库研究报告"等研究产品,并通过相关渠道向中央决策提供参考。依托中央级时政期刊集群——《瞭望》《财经国家周刊》《瞭望东方周刊》《环球》及财经国家新闻网、犀牛财经网,与国家和社会主流群体实时互动。

瞭望智库的业务,还包括与国家部委合作主办的宏观、土地、全球化、移动互联等系列"30人国策论坛",以及"新国情新路径高端闭门会"等与决策层、产业界等密切互动的机制,并与世界经济论坛、博鳌亚洲论坛、国际投资

---

① 《瞭望》总编姬斌谈《财经国家周刊》创刊大背景,新浪财经2009-12-2,http://finance.sina.com.cn/roll/20091228/22027165488_2.shtml。

论坛、陆家嘴论坛、亚欧论坛等达成有战略合作关系。瞭望智库成功举办《移动互联：链接创造价值》论坛。

目前瞭望智库已经发展成为以《瞭望研报》等"研究型内参"为内核、以"智库客户端集群"为新兴传播和交互矩阵的中国特色新型智库，致力于发挥咨政建言、理论创新、舆论引导、社会服务、公共外交等功能。瞭望智库依托新华社全球信息采集网络优势和调查研究基因，和《瞭望》30多年来形成的权威、高端、国策研究与传播的品牌特质，紧扣"国家政策研究、评估和执行反馈"这一核心业务定位，利用新华社内外智力资源，连接全球主要智库，服务中央决策和新华社调查研究，构建以公共政策研究团队及系列政策研究委员会为研究基础，在社会上形成广泛的知名度和影响力。2015年底，新华社获批为党中央、国务院、中央军委直属的首批国家高端智库试点之一。[①]

瞭望作为新华社国家高端智库的公共政策研究中心，是国家高端智库建设的重要组成部分。公共政策研究中心与先期成立的瞭望智库一体化运作。作为中央推动媒体融合发展、建设中国特色新型智库大潮中的第一家媒体型智库，瞭望智库是瞭望周刊社探索传统媒体转型升级融合发展、打造"中央级全媒体期刊与融合智库集团"的成果。目前，瞭望智库正在承接中宣部媒体融合发展重点项目——"新华社大数据新型智库云"，该项目立足打造汇集国内外知名智库及万名专家学者的交流及研究平台，是移动互联网技术在智库建设方面的最新体现。

新华社大数据新型智库云与"新华社"客户端互为依托，汇集来自各级党政机关和企事业单位的研究需求，提供研究能力供给，是研究课题在线对接、交易的平台，是战略研究与高端话题引导以及深度阅读的"互联网入口"。其主要任务是建设"课题开放研究平台"和"专家在线交互平台"；形成符合新型智库特点和互联网思维的产品模式及生产流程；建设以"大数据智库云"为特色的融合式智库传播平台，发挥价值塑造、舆论引导的特有优势。

[①] 其他智库分别为：国务院发展研究中心、中国社会科学院、中国科学院、中国工程院、中央党校、国家行政学院、军事科学院、国防大学、中央编译局、中国社科院国家金融与发展实验室、中国社科院国家全球战略智库、中国现代国际关系研究院、国家发改委宏观经济研究院、商务部国际贸易经济合作研究院、北京大学国家发展研究院、清华大学国情研究院、中国人民大学国家发展与战略研究院、复旦大学中国研究院、武汉大学国际法研究所、中山大学粤港澳发展研究院、上海社会科学院、中国石油经济技术研究院、中国国际经济交流中心、综合开发研究院（中国·深圳）。

第二节　瞭望周刊社的社会责任现状

（一）履行新闻改革责任

第一阶段：新闻观念改革

1978年党的十一届三中全会拉开了中国新闻改革的序幕，新闻媒介的功能得到重新定位。瞭望周刊社旗下媒体一直勇立中国新闻改革潮头，每一个媒体的创刊都是新闻改革的产物。上世纪80年代初，在关注中国改革的同时，新华社自身也不断改革服务改革开放。在穆青亲自策划和领导下，新华社陆续创办了一批报刊，使业务领域有了很大拓展。穆青深感要促进中国新闻事业的发展，应该办一本类似美国《时代》周刊那样的杂志，于是他亲自策划《瞭望》。《瞭望》杂志创刊后，他兼任社长，从办刊宗旨、编辑方针，到栏目设置、内容策划，他都和创办的同志一道研究。由于是新华社主办的，所以更要有权威性，要纵论世界风云，阐述大政方针，预测形势走向，为人民鼓与呼。他特别强调要有来自中南海的信息，要有高层权威人士的访谈。在他的指导下，《瞭望》设立了《中南海纪事》《本刊专访》《本刊特稿》等名牌栏目，专门发表采访高层人物和权威机构的独家新闻，产生了很大影响。[1] 特别是《中南海纪事》由邓小平亲自批准设立，是新闻界改革的一个重要信号。

《环球》也是改革开放的产物，思想解放的旗帜，为上个世纪80年代的中国读者打开了一扇了解世界的窗口。30多年来，面对竞争激烈的报刊市场，环球同仁心系读者，克服困难，不断进取，力争先锋，使《环球》在国内外报刊市场的影响力不断扩大。

第二阶段：市场化改革

20世纪90年代末，中国新闻改革向深层次发展，改革的主题是结构调整。通过适度的市场竞争，走专业化差异化道路，改变媒体增长方式。作为中国新闻改革风向标的新华社在这次改革大潮中以瞭望周刊社为平台企业尝试股份制

---

[1] 陈大斌. 穆青与《瞭望》周刊[J]. 百年潮, 2009 (06).

改革。2003年利用出版《瞭望东方周刊》的契机成立瞭望东方传媒有限公司，实行股份制经营，由新华社控股。目前该公司注册资本3 400万，下设分支机构瞭望东方传媒有限公司北京分公司。同年投资成立上海瞭望东方广告传播有限公司，下设北京分公司。2009年成立瞭望全媒体传播有限公司，注册资本5 000万，瞭望周刊社持股51%，2015年该公司和瞭望东方传媒有限公司、瞭望周刊社共同投资控股瞭望智库（北京）科技发展有限公司，对瞭望智库实行企业化运营。

2009年12月28日新华社集全社之力打造的、走市场化之路的财经周刊《财经国家周刊》面世，这本杂志的分类特征更加明显，与《瞭望》新闻周刊和《瞭望东方周刊》以时事政治为主要特征相比，它在内容的分类上定位财经资讯，是《瞭望》品牌时事政经期刊集群系列刊物之一。

第三阶段：融媒体改革

互联网和新媒体的快速崛起打破了传统媒体的生态平衡，传统媒体和新兴媒体的融合发展，是当前新闻改革的重大命题。2014年习近平总书记在"8·18"讲话中强调要着力打造一批形态多样、手段先进、具有竞争力的新型主流媒体，建成几家拥有强大实力和传播力、公信力、影响力的新型媒体集团，形成立体多样、融合发展的现代传播体系。

瞭望周刊社在融媒体改革中从观念到技术都走在全国媒体前列：率先完成刊物纸质化向电子化延伸、率先从固定互联网平台向移动互联网平台发展。目前瞭望周刊社期刊群已经全部开通电子版，运营门户网站财经国家新闻网、自媒体网站犀牛财经网[①]，推出瞭望智库app，瞭望全媒体微信公众号包括：瞭望、瞭望智库、财经国家周刊、瞭望东方、智客、氏族、豪车志。目前，瞭望智库正在承接中宣部媒体融合发展重点项目——"新华社大数据新型智库云"，该项目立足打造汇集国内外知名智库及万名专家学者的交流及研究平台，是移动互联网技术在智库建设方面的最新体现。

[①] 犀牛财经网 www.xinews.com.cn 是由瞭望全媒体传播有限公司全力打造的以财经自媒体新闻为主的网络信息传播平台，也是国内首屈一指的财经自媒体信息集散地，全方位覆盖投资、管理、科技、能源、生活等领域，致力打造专业新闻资讯，深度挖掘业内信息，并为自媒体搭建一个互动、交流、学习的财经大平台，成为最具传播力和互动性、权威、主流、时尚的互联网自媒体网站。

（二）不断扩大党的舆论阵地，履行正确引导舆论责任

瞭望周刊社自《瞭望》出版以来在党中央、国务院的关心和支持下，认真贯彻执行党在宣传思想战线的方针政策和新华社党组的工作部署，坚持正确的舆论导向，不断强化新闻周刊报道特色，在争取报道主动权、挖掘权威性深度报道等方面积极开拓进取，增强了宣传报道的有效性，不断扩大党的舆论阵地，"把宣传舆论工作抓在手上"。2003年11月18日创办了《瞭望东方周刊》，使《瞭望》形成了以《瞭望》新闻周刊主打公务员为主体的公费订阅市场；《瞭望东方周刊》主打新兴阶层个人消费为主体的零售市场的组合。2005年7月《环球》整合到瞭望周刊社之后，发行量以两位以上的百分比上升，使瞭望旗下形成了主流新闻周刊群的发展态势。目前已初步建立起由新华社和本刊记者、权威部门和研究机构、各界专家学者组成的新闻信息采集和分析处理的网络，基本覆盖了国际国内的政治、经济、科技、军事、社会、文化、教育等主要领域。为表彰其在发挥权威媒体优势，正确引导舆论导向方面的成就，新华社在《瞭望》周刊成立20周年时发表了贺信。①

瞭望周刊群以观察分析新闻事件、新闻热点、新闻主题的正确角度和正确认识，实现正确的舆论引导。努力探索新形势下加强和改进新闻宣传工作的办法，加强与人民群众密切沟通和联系的传播方式。一是报道新闻化。注重报道人们普遍关注的新近发生的新闻事实，做到我们关注的，必定是中央关注的、社会关注的。二是新闻权威性。在适应市场需求中，始终着力突出权威性，刊登的内容对党、对国家、对人民都是重要的。三是思想正确性。用党的基本理论、基本路线和方针政策去影响人们观察问题、分析问题的思维方式，提供给他们整合过的有效信息以及观察问题的正确视角。总之，努力把体现党的意志与反映人民心声统一起来，把主流媒体的舆论场和群众的口头舆论场联系起来，把党和国家想说的与群众想听的统一起来，并始终注意体现建设性、负责任，促进不同阶层、不同观点的人，沿着正确的方向统一思想，形成共识。

（三）履行喉舌责任，权威解析中央重大政策

《瞭望》自创刊以来一直以独家发布来自中国高层的第一手资讯，深度解

---

① 《中共新华社党组至瞭望贺信》载《瞭望》新闻周刊2001年5月21日22期。

析中央重大政策精神、时事内情及政经动态为己任,注重挖掘重大的独家新闻和组织重大主题报道,注重对中国和世界重大事件的权威性深度报道,注重对国内外政治经济社会现象和发展趋势的准确性和前瞻性剖析。作为一本以传递权威信息、纵览国内外大势为宗旨的刊物,至今仍是中国党政官员和企业家案头必备的决策参考读本。

《瞭望》作为中国最早详尽报道国家高层决策信息的刊物,从创刊时的"中南海纪事"专栏起步,便以传递来自中国高层的第一手独家新闻,引起国内外读者的高度关注,树立起她的权威地位。刊物依托新华社驻国内外记者网络,形成了颇具优势的新闻采集能力。中共中央和国务院各部、委、办、局及研究机构,各省、直辖市、自治区党委和政府,都十分支持《瞭望》的工作,许多负责人亲自指导报道选题、接受采访、撰写稿件。国内外许多政界要人、著名专家和学者不仅接受《瞭望》的专访,随时接受咨询,而且为《瞭望》撰写评论和稿件,使《瞭望》有得天独厚的权威的信息源,更体现出"高层决策信息、热点深度报道、专家权威论坛、全新知识背景"的影响力。

《瞭望》配合每年全国"两会"、博鳌亚洲论坛、上海合作组织峰会、中非论坛等中国最高规格的大型会议都会组织策划专题报道,权威解读会议信息。例如:2017年"两会"期间,《瞭望》连续推出三期"'两会'特别报道",权威解读高层信息,把脉中国政经方向。报道包括图片、政府工作报告、记者会文字实录和《全面深化改革要"知行合一",不让改革者进退维谷》《这六大金融风险感染源,注意防控》《"规则"二字,对当下中国如此重要》《权威解读政府工作报告》《中国发展的国家环境有多复杂》《这项近60万人参与的经济生活大调查,结果很有意思!》《如何将"以人民为中心"的改革推向纵深?》等多篇深度报道和新闻分析。

作为走市场化道路的《财经国家周刊》也特别注重新闻信息源的权威性,确保给公众提供的信息真实、权威、准确、客观、全面。该刊的办刊理念,就是把国家利益和公众利益有机地结合起来,在中国的重大现实问题、未来发展的重大问题、事关公众利益与国家利益紧密相连的一切问题上,体现客观、真实、全面、建设性、负责任地进行观察的风格。《财经国家周刊》依托新华社、《瞭望》的信息采集背景,在高端信息源获取能力上有独有优势。周刊能够把各个决策部门对事关国家发展、公众利益的财经决策方面的重大信息，包括决策过程，决策过程中考虑到的许许多多的问题，提供给读者，使读者能够真正掌握、了解决策的背景，了解国家的利益和公众的利益相吻合的程度。

（四）扩展媒体功能，履行服务社会责任

作为新闻文化企业，瞭望周刊社积极向广大用户提供信息服务、生活服务和精神服务。2017年，周刊社旗下品牌按照内容品质化、产品多元化、服务社会化的理念，通过内容、产品、技术等全面创新，有效服务社会各个阶层。

《环球》杂志秉承"得诸社会，还诸社会"的宗旨，积极参与社会活动，发挥品牌优势，承担传媒责任，服务社会大众。

《环球》杂志关注青少年的成长，帮助年轻人了解世界、认识世界是《环球》多年来一直努力的方向。近年来，《环球》已多次组织新华社的国际问题专家、驻外记者在大中学校园进行国际时事巡讲，《环球》的足迹已遍布清华大学、北京大学、北京航空航天大学、外交学院、北京邮电大学、北京理工大学、北京外国语大学、北京电影学院、石油大学、北京八中、北京161中学、北京陈经纶中学等诸多知名院校，效果显著。

此外杂志还举办多种社会活动。2000年，《环球》独家举办了"环球20位最具影响世纪女性"评选活动，靳羽西、张海迪等杰出女性代表获奖，受到了国内外近百家主流媒体的关注及跟踪报道。2001年，《环球》独家主办了"2001环球财富人物风云榜"评选活动，国内多家媒体纷纷转载了此次评选活动。2002年，作为唯一的媒体支持单位，《环球》参加了中央电视台青少部主办的"首届全国大学生机器人电视大赛"，并对最终在日本举行的亚洲总决赛进行了全程报道。

在媒体型智库服务方面，瞭望智库发挥了推动国家治理体系和治理能力现代化的重要作用，公共政策研究中心与先期成立的瞭望智库一体化运作。瞭望作为新华社国家高端智库的公共政策研究中心，是国家高端智库建设的重要组成部分。瞭望智库紧扣"国家政策研究、评估和执行反馈"这一核心业务定位，利用新华社内外智力资源，连接全球主要智库，服务中央决策和新华社调查研究，发挥政治建言、理论创新、舆论引导、社会服务、公共外交等功能，在社会上形成广泛的知名度和影响力。智库的研究型内参《瞭望研报》（专报）深受决策层重视。

"新华社大数据新型智库云"与"新华社"客户端互为依托，汇集来自各级党政机关和企事业单位的研究需求，提供研究能力供给，是研究课题在线对接、交易、众包、众筹、在线评估的平台，是战略研究与高端话题引导以及深度阅读的"互联网入口"。目前瞭望智库服务社会的有国策研究部、资本市场研究部、"一带一路"研究部、乳液研究部、健康研究部、智库研究与出版部、电子商务研究部、汽车研究部、大国制造研究部、未来能源研究部、互联网与科技研究部、新金融研究部、房地产研究部、大国扶贫研究部14个研究机构。

（五）履行合法经营责任

作为新华社下属媒体机构，瞭望周刊社严格遵守法律法规，履行合法经营责任，不断提升经营管理规范化水平。

第一，坚持采编和经营"两分开"。明确采编和经营工作的职能职责，实现管理分开、业务分开、人员分开，采编人员不得参加经营活动，经营活动由经营部门负责，严格抵制商业取向影响新闻报道公正性而滋生腐败。

第二，严格遵守税收法律法规。严格按照《中华人民共和国企业所得税法》及其实施条例、《中华人民共和国税收征收管理法》及其实施细则以及其他税收法律法规的相关规定，按时足额缴纳各种税费款项，报告期未发生工商、税务等行政处罚事项。

第三，严格规范经营行为。禁止经营人员以新华社、瞭望周刊社记者、编辑的名义从事经营活动，禁止以任何借口或不正当手段强行推销产品或发展用户，禁止代理、发布虚假、违规或误导消费者的广告和信息，禁止出卖或变相出卖版面、频道，禁止进行版面、频道、栏目、内容等方面的承包、转让、代理。

第四，严控经营风险。增强经营安全和风险防控意识，完善制度，堵塞漏洞，排除隐患，严格业务合作程序，强化业务合作监管，推动经营工作依法、良性、可持续发展。

第五，遵守市场经济竞争法则及公认的商业道德。公平、公正地参与市场竞争，信守合同，履行协议，未采用不正当竞争手段进行市场经营活动，未发生任何损害国家、社会和公众利益的经营行为和活动。

第三节 存在的问题

瞭望周刊社积极履行社会责任，努力创造社会价值，但对照国家要求和社会需求还有提升空间。存在的主要问题有：

一是媒体融合的程度可以进一步提高。党的十八大以来，以习近平同志为核心的党中央高度重视媒体的融合发展。目前已开发尝试可视化新闻、融媒体报道、虚拟现实增强等产品，但新技术在短视频、移动产品等领域的融合发展还有进一步提升的余地。

二是舆论引导的力度需要进一步加大。在纷繁复杂的传播生态中，有些时候弘扬主旋律、传播正能量效果未能达到预期，面对社交化、移动化、视频化等行业发展趋势，传播力、引导力、影响力和公信力还可以进一步提升。

三是创新能力还有待提升。发挥理论创新、社会服务、公共外交等功能的能力还有待进一步加强。

广播电视台篇

第九章　湖南广播电视台社会责任报告

陈柏福　杨玉飞[①]

第一节　基本概况：湖南广播电视台及湖南电广传媒股份有限公司

湖南广播电视台（简称"湖南广电"）在2010年6月28日正式挂牌成立。湖南广电旗下拥有14个电视频道：卫星频道、金鹰卡通频道、时尚频道、经视频道、都市频道、娱乐频道、金鹰纪实频道、电视剧频道、公共频道、潇湘电影频道、国际频道、先锋纪录频道、先锋乒羽频道、快乐垂钓频道；13个广播频率：交通广播、经济广播、文艺广播、新闻综合广播、金鹰955电台、乡村之声、音乐之声、旅游广播、永州之声、张家界之声、郴州之声、湘西之声、快乐886电台；还有五家公开发行的报刊：《金鹰报》《天下情》《法制周报》《湖南广播电视报》《芒果画报》。另外，2018年7月，湖南广播影视集团正式成立，湖南广播电视台、湖南潇影集团、湖南网控集团三军会师，形成集广播、影视、网络于一体的全媒体产业发展格局，从而打造更为强大的湖南文化产业平台。而湖南广电网络控股集团划归湖南广播影视集团旗下，也就意味着曾与湖南广电"分手"的中国传媒第一股"电广传媒"回归

[①] 陈柏福，男，湖南衡东人，东莞理工学院经济与管理学院副教授，经济学博士（后），硕士生导师，研究方向为文化经济学、质量与品牌文化管理、新制度经济学、产业经济学。杨玉飞，男，安徽涡阳人，东莞理工学院与昆明理工大学联合培养硕士研究生，研究方向为质量工程与管理、质量与品牌文化管理。

湖南广电。

2017年是湖南广电非凡的一年，9月28日在香港发布2017年《亚洲品牌500强》排行榜中，湖南广播电视台首次跻身亚洲品牌百强之列，排名100位，品牌价值上升至507.85亿。相对于2016年而言，排名上升12位。2017年度湖南广播电视台以湖南卫视和潇湘电影等为依托平台，上档了《百心百匠》《儿行千里》《为了人民》《中华文明之美》等一系列有关文化以及政策的纪录片，积极引导社会舆论、传播正能量。2017年9月，在一项"90后眼中最具社会责任的省级卫视"的一项调查中，湖南卫视荣获第一名，得到了广大观众甚至是同行的认可。

湖南电广传媒股份有限公司（以下简称"电广传媒"）于1999年在深交所上市，股票代码为000917，当时被誉为中国传媒第一股。电广传媒为湖南广播电视台完全控股。如表9-1所示，截至2017年6月30日，公司总资产为233.47亿元，归属于母公司所有者的净资产为109.87亿元，电广传媒业务覆盖有线电视网络运营、创业投资、影视节目内容、广告、移动新媒体等。电广传媒以湖南和全国超一线城市（北京、上海、广州、深圳）为发展中心，但其涉及的经济领域却覆盖全国，并且是一家拥有国家级实验室和博士后流动站的大型综合文化传媒公司。

表9-1 电广传媒2017年度主要财务数据和指标

单位：万元

项目	本报告期	上年同期	增减变动幅度
营业总收入	874 148.22	748 639.25	16.76%
营业利润	-7 729.04	61 201.64	-112.63%
利润总额	-8 196.86	65 573.93	-112.50%
归属于上市公司股东的净利润	-46 535.80	33 314.18	-239.69%
基本每股收益（元）	-0.33	0.24	-237.50%
加权平均净资产收益率	-4.43%	3.07%	-7.5%
	本报告期末	本报告期初	增减变动幅度
总资产	2 374 675.06	2 251 681.24	5.46%
归属于上市公司股东的所有者权益	998 912.85	1 099 191.38	-9.12%
股本	141 755.63	141 755.63	0.00%
归属于上市公司股东的每股净资产（元）	7.05	7.75	-9.12%

（资料来源：深圳证券交易所电广传媒2017年度业绩报告）

第二节　社会责任履行情况

履行社会责任是每个企业应尽的义务，同时通过社会责任履行，企业也会相应地提升其自身的竞争力，经济效益也随之提升。企业既然要得到社会的认可，就更应该利用自身的专业优势去解决社会问题和潜在矛盾，为全社会提供更加优质的服务。湖南广播电视台一直以"快乐""青春"的主题向社会大众传播舆论和思想，但是在努力扩大自身影响力的同时，要坚定发展底线，向社会和民众传达正确的思想导向和正义的社会价值，做好对党和政府以及百姓的服务工作。2017年湖南广播电视台极大提升了自身品牌效益，因此更应该从政治、文化、舆论、社会服务、公平正义、公益等多方面承担更多份额的社会责任，以提高企业竞争力。

一、正确发挥舆论引导作用，积极传播正能量

1. 加大时政新闻传播力度，不断创新传播新方式

2017年10月18日上午9：00，中国共产党第十九次全国代表大会在人民大会堂开幕。大会通过了关于《中国共产党章程（修正案）》的决议，习近平新时代中国特色社会主义思想写入党章。作为国内最具有影响力的省级媒体，湖南广播电视台通过湖南卫视、湖南经视、湖南公共、湖南国际等诸多电视台和广播对一系列政策要闻进行了全方位报道。《湖南新闻联播》是湖南广播电视台传播重要时政、重大新闻、主题报道的主要窗口，此栏目不仅在湖南卫视、湖南经视、湖南公共等省级电视台播出，而且在湖南地方电视台也会进行转播。湖南经视的《经视焦点》《经视社区汇》，湖南都市频道的《都市1时间》，湖南公共频道的《帮女郎大视野》等等，各栏目从不同新闻角度为不同人群提供多种多样的新闻资讯。芒果TV作为湖南广播电视台旗下唯一的互联网视频平台，其对网络用户的影响力举足轻重，芒果TV在2017年度延续了近几年对新闻传播的强度，对时政新闻有特定的专栏，特别是对"一带一路"的新闻资讯进行首页推送并置顶，提高了醒目度，增大了传播力度。

除了以上新闻传播的传统方式，"湖南广电"以湖南卫视、潇湘电影、芒果TV等为平台投资创作了诸多纪录片。例如：湖南卫视推出有关十九大的特别报道——《为了人民》，以新闻的视角对广大的"扶贫战士"致敬，体现了党对扶贫工作的决心，从7月11日至7月27日，该纪录片的点击量已超过1亿次，湖南日报、红网、华声在线等诸多媒体认为，这是一部弘扬社会主义核心价值观的优秀作品，感人而有力量。潇湘电影集团也推出了迎接党的十九大重点影片《十八洞村》，这是全国第一部讲述精准扶贫的电影，取材于湘西十八洞村精准脱贫的事迹，这场脱贫攻坚战中，不仅仅是湘西村民生活上的脱贫，更是影片观众心灵和思想上的脱贫。《面向群众》也是潇湘电影集团有限公司和八月潮影业股份有限公司联合出品的一部有关共产党员为人民服务奋进向前的电影，让观影者对上世纪六七十年代共产党员为新中国建设而努力奋斗有了切身的体会。

2. 文化多样性传播

文化的继承性及其对经济转型的激励作用使其地位至关重要。十八大以来，习近平总书记在各种场合表达了自己对中国传统文化和中国传统思想价值观的尊重和崇敬。在中国共产党95周年庆祝大会的重要讲话中，习近平指出"文化自信成为继道路自信、理论自信和制度自信之后，中国特色社会主义的'第四个自信'"。文化是一种精神活动及其产品，对人民有强大的凝聚力，能让群众对集体、对国家产生依附感。2017年湖南广播电视台不仅向国内人民弘扬中国传统文化及其价值观以及现代科技优秀文化，更推出几档节目将中国魅力文化传播给外国观众。在2017年7月30日，由湖南卫视和唯众传媒联合推出的"首档全球顶尖原创科技秀"《我是未来》在湖南卫视首播，并将在科技方面优秀的人才来代替以往娱乐节目的大咖，在此节目中也向观众揭露了人工智能技术、无人机表演、智能终端发展等前沿技术。对于一向倡导"快乐、青春"的湖南卫视来说，这是一个重要的突破。2017年8月27日晚10点，由湖南卫视著名主持人何炅主持的弘扬中国优秀传统文化（主要在家风这一方面）《儿行千里》在湖南卫视首播，这是全国首档原创家风类节目，首期节目播出后便火爆于网络。据不完全统计：23岁以下观众份额达到4.45%，忠实度30%，占比36%；同时，24—44岁"家庭型"观众的平均份额近3%，占比31%，成为目前市场上收视较高的文化类节目。

另外，湖南卫视还延续了每年一度的《湖南春节联欢晚会》《元宵喜乐会》《中华文明之美》等传统节目。在宣传地方特色文化方面，潇湘电影集团推出了《嗦哎·花亘》这一宣扬湘西民族文化的艺术短片，该短片还入围了加拿大金枫叶国际电影节短片单元。

湖南广播电视台还积极参与了国内外文化交流。第十六届《汉语桥》世界大学生中文比赛决赛在8月完赛，145位来自全球各国的参赛者使用中文进行语言和文化的交流，在此届比赛中"一带一路""中国梦"成为关键热词，中国的京剧、民族舞蹈、相声等成为选手们才艺展示的重要部分。2017年7月22日湖南卫视首播了第一档中餐文化娱乐节目《中餐厅》，节目组将"源自中国，但属于世界"的核心精神融入到电视节目创作当中，打破传统厨师在摄影棚拍摄美食节目的约束，加入了更加平常、随性的家庭元素，以《中餐厅》为源头对中国家庭的美食文化进行推广。2017年11月29日，该节目获得2016—2017年度中国泛娱乐指数盛典最具价值电视综艺奖。2017年也是中国与哈萨克斯坦建交25周年，在音乐节目《歌手》中来自哈萨克斯坦的大学生迪玛希表达了文化交流的愿望："对我来说就是想让哈萨克音乐在更多的国家得以推广"，央视新闻则评论：迪玛希是"一带一路"上的音乐使者。

3. 舆论引导社会更加公平正义

舆论引导社会日趋公平正义，湖南广播电视台主要以湖南经视、湖南公共、湖南都市等为主要阵地，面向的观众大多为基层普通群众，更加贴近日常生活。比如，湖南经视频道《经视焦点》联合打假网购劣质月饼、揭露了水淹剁椒处理后重新上市；在《经视大调查》中揭露了高端白酒造假作坊等。湖南公共频道的《帮女郎大视野》更加注重人文关怀，用独立的调查、犀利的评论来体现舆论的力量。湖南都市频道《真相大追击》揭秘螺狮寄生虫和铅含量超标等现象。

二、完善服务社会能力，提供各方面资讯

1. 生活资讯大爆炸，为市民做好服务工作

湖南卫视是湖南广电的重要资讯平台，但在居民生活这一方面湖南公共、湖南经视、湖南都市以及湖南交通广播、湖南旅游广播却扮演了更为重要的角色。

《新闻大求真》是湖南卫视一档创新栏目，该栏目主要作用是对社会上的传言进行科学的实验，以求得到最可信的答案。该节目从2012年7月始播，并在2017年11月2日，由中华全国新闻工作者协会主办的第二十七届中国新闻奖评选中，获得中国新闻奖一等奖。湖南经视频道除了对《湖南新闻联播》进行转播外，每天还定点播出《经视焦点》《经视新闻》《经视观察》《经视社区汇》；湖南都市频道有《都市1时间》《都市晚间》；湖南公共频道有《帮女郎大视野》；湖南教育台有《教视新闻》《湖南招考》。这些电视栏目不仅揭露了一些社会劣质现实，还记录了居民日常生活，推崇健康、积极、时尚、和谐的新生活，帮助弱势群体，及时向群众传递必要的信息。

　　生活资讯复杂多样，湖南电视节目承载了不可磨灭的作用，但湖南人民广播电台也对人民生活的便利化有着巨大的功劳。湖南交通广播电台除了转播新闻以及播送音乐节目以外，每天《交警直播室》《交通话题》为车主及时提供最新路况信息、交通处罚信息等等。湖南电台音乐之声是湖南唯一一个省级音乐电台，每天都为听众提供大量的音乐推荐，如《车友爱乐团》《超级串流行》等。金鹰955是一档包含新闻资讯、美食、房车、脱口秀、娱乐游戏等的综合性电台，金鹰955在10年来一直是私家车收听率第一，并且是唯一一家以电台媒体身份入选湖南40大文化品牌。周一至周五每天9：30—10：00《我们读书吧》倡导文化之旅、16：00—17：00《汽车总动员》为车友排忧解难、17：30—18：30《吃香喝辣》为听众推荐美食；周末全天的《氧气音乐时间》为大家放松心情。

　　2. 娱乐资讯多样，丰富日常生活

　　湖南卫视和芒果TV是湖南广播电视台娱乐资讯和娱乐节目的主打阵地。2017年内湖南卫视延续和新推出多种综艺节目，在2017年1月15日湖南卫视首播了《向往的生活》，看似简单的节目，收视率却稳居TOP10（在综艺节目分类中），这也是对人们向往简单生活的一种反映。《神奇的孩子》是湖南卫视另一档全新的节目，在尊重孩子天性的同时让超乎意料的萌娃展现自己的才艺（包括武术、京剧、音乐、厨艺等），此节目既可以使成年人放松心情，又可以引导传达正确的教育理念价值观。反腐题材电视剧《人民的名义》是一部摒弃了传统主旋律电视剧中存在的公式化、模式化的问题，取材于生活、贴近民生，更加吸引观众眼球。4月24日CMS 35城和CMS 52城最高实时收视均破

7，创造了近十年国内电视剧史上的最高纪录，2017 年 5 月 19 日获得第 22 届华鼎奖评委会大奖。综艺节目《小镇故事》是国内首档人文类文化探索节目，该节目中介绍了全国 12 个特色小镇，触及城市人群记忆深处"小而美"的轻松生活，以此唤起观众内心深处对中国文化的认同与骄傲。此外《中餐厅》《我想和你唱》《歌手》《我们来了》等多种节目丰富了观众的日常生活。

三、积极投身公益慈善活动

1. 为精准脱贫攻坚战添砖加瓦

湖南全省有 51 个贫困县，8 000 个贫困村，其中湘西州是全省最贫困地区。2017 年湖南广播电视台对口扶贫的是江华瑶族自治县桐冲口村，扶贫队员每月进驻瑶寨 28 天以上，扶贫队长云捷首先将种植小黄姜、小米椒作为扶贫开发产业，2015 年 12 月小黄姜获得大丰收，其他村民也开始积极参与进来。另外，扶贫队长争取扶贫资金 100 万元，成立了"千年瑶寨农业种植合作社"，开始大规模种植小黄姜，村里最贫困家庭也实现了脱贫。桐冲口村是一个充满地域民族气息的千年瑶寨，有着浓厚的民族文化，湖南广播电视台在湖南卫视进行了为期 5 天的现场直播，为江华乡村旅游业带来了 300 多万元的收入。至 2017 年底桐冲口村村民人均收入已从 2015 年的 2 000 元提高到 7 000 余元，实实在在"扶"出了最美瑶寨。

在扶贫宣传方面，湖南广电除了通过湖南卫视和潇湘电影集团推出了一系列扶贫故事《为了人民》《十八洞村》以外，同时在湖南卫视《午间新闻》里开设《扫码扶贫》专栏，主要对地方特色产品和旅游产业进行介绍；湖南经视《我是县长我代言》活动中，邀请 10 位地方县长直播介绍农产品和地方文化；湖南都市《走基层看帮扶》宣传典型扶贫故事；湖南公共《决战扶贫我们在行动》用实际行动走在脱贫路上。湖南广电利用自身优势和影响力，采用多种方法对帮扶起了一定的作用。

2. 为公益事业锦上添花

湖南广电主要依托芒果 V 基金对社会进行慈善援助，芒果 V 基金是第一个由媒体集团发起的全国性公募慈善基金，其自身优势便是拥有丰富的媒体资源和影响力。现今芒果 V 基金秉承"公民慈善、快乐慈善、透明慈善"理念，以"快乐"为主题做出一系列慈善项目。

"基层医疗公益计划"在 2017 年 5 月 21 日于永州市正式启动,其宗旨是"快乐中国、健康湖南",旨在在湖南农村建立覆盖每一个乡镇的公益医疗服务站,并捐赠医疗设备和药品,为每一个空巢老人、留守儿童以及生活困难群众提供公益性医疗服务。其目标是在 2020 年全面建设 2 354 个公益医疗网点,实现"一乡一点"。在 2017 年内已经完成 1 000 个网点建设。2016 年 9 月 1 日,第九届"中华慈善奖"在江苏南通召开,由芒果 V 基金发起的"救急难全媒体公益行动"获得了第九届"中华慈善奖",该慈善项目在 2017 年继续资助了诸多寒门学子、留守儿童、残疾人、重病患者等等,实实在在践行"周行一善"。"快乐课桌计划"和"快乐图书室"是芒果 V 基金发起的关爱青少年健康成长的长期公益行动,主要向农村中小学捐赠标准化座椅,营造良好的学习环境,拟在偏远贫穷地区捐赠图书室,致力于教育的均衡发展。另外,湖南公共频道的《帮女郎直通车》也成立了《帮女郎励志金》主要用于求助的个人和集体。《爱周末》行动也大大推广了"人人公益,快乐参与"的理念,助力 NGO(Non-Governmental Organization,非政府组织)的可持续发展。

3. 电广传媒公益行动

2017 年电广传媒在做好公司经营活动的同时,也积极参与社会公益行动。2017 年该公司出资 200 万元,并拉动总投资 400 万元,帮助桂阳县洋市镇庙下村和塘市镇壕坪村进行新农村建设,并帮助他们完成有线电视和广电宽带的建设。与此同时,又出资 100 万元加上当地政府配套 100 万元援助慈利县通津铺镇赵坪村的学校建设。

依法纳税是每个公民和企业的责任和义务,2017 年电广传媒依法履行纳税义务,并积极回馈社会。总的来说,该公司上缴各项税金 2.60 亿元,其中企业所得税 16 092.58 万元(扣除减免后净额),增值税 4 820.61 万元(抵扣后净额)。另外,代缴个人所得税 10 021.76 万元。

四、严格依法从事经营活动

1. 湖南广播电视台履行合法经营责任

2017 年湖南广电认真履行了《广播电视安全播出管理规定》《广播电视广告播放管理》《中华人民共和国广告法》等国家相关法律。湖南广电积极贯彻了习近平新时代社会主义核心价值观,宣扬主旋律内容。2017 年推出了多种有关时政、文化、环境等的电视剧、综艺节目和纪录片，在完成了正能量内容宣传的同时，湖南广电在广告内容方面进行了大量削减，主动减少商业广告播放量的 12%，并严格把控广告的内容，拒绝涉嫌违规广告多达 3 万条，严格的把控带来的是全年广告播出"零违法"和"零处罚"。"十八大"提出企业经营要把社会效益放在首位，但也要注重社会效益和经济效益的统一，为此湖南广电创造了一套"慢传播"广告营销策略，在保证观众体验感的同时，又创造了经济效益，芒果 TV 也是率先在视频新媒体行业实现了盈利的企业。

2. 电广传媒履行合法经营责任

作为一家上市公司，电广传媒必须履行《中华人民共和国证券法》《公司法》《国有资产法》以及《上市公司信息披露管理办法》等相关法律和规定。2017 年电广传媒各种营业总收入 8 741 482 179.27 元，与 2016 年相比同比上升 16.76%，税金及附加费用为 32 593 795.66 元。对于信息披露方面来说，电广传媒 2017 年的披露情况与前几年相比履行不彻底，深圳证券交易所对其的考评结果为 C，属不理想情况。

按照上市公司的规范要求，电广传媒亦需管理好公司内部以及公司与债权人和投资人之间的关系。2017 年该公司加强了与投资人之间的沟通情况，完善互动平台问询，做到随问随答，保证及时性，全天候接听咨询电话，工作日期间全时接待投资者来访。让投资者随时详尽了解公司经营发展情况，保持并优化与投资者之间的关系。2017 年公司共接待 33 人次机构调研，还积极参加了"湖南辖区上市公司 2017 年度投资者网上接待日"活动，与投资者进行沟通互动，介绍公司战略和业务情况。对于债权人来说，该公司严格遵守了信贷合作的商业规则，最大限度地降低了公司经营风险和财务风险，充分保护了债权人的合法权益。

五、切实保护职工合法权益

"以人为本"是每个公司的准则，维护员工的合法权益，全力营造安全、宽松的工作环境，建立完善的培训和职业规划辅导机制，促进员工健康发展是公司企业可持续发展的基础。

1. 保障职工合法权益

公司严格遵守《劳动法》《劳动合同法》《劳动合同法实施条例》等法律

法规，依法与员工签订劳动合同。公司为员工足额缴纳"五险一金"，即养老、医疗、工伤、失业、生育等各项保险及住房公积金。公司并依法为职工定期体检，保障了员工的身体健康，发现问题及时就诊、复诊，并且对员工的体检结果统计归档。

2. 加强员工培训，提升员工素质

员工能力的提高大致等价于公司效益的提升，因此员工素质的全面培训对企业来说至关重要。2017年，湖南广电组织了多层次、多维度、多形式的员工培训。例如，请行业专家到公司内进行大型讲座；对国内其他行业的知名企业参观学习，突出专项业务的培训；借鉴诸如腾讯、爱奇艺、新浪等新媒体管理模式，学习他们的创新文化，以此推进媒体融合；组织企业中高级管理人才参加各种培训学习，高层管理者对企业的使命和战略制定及实施至关重要，高层管理者的全面培养和思想素质的与时俱进，可以全面把握公司前进方向，而这也正是湖南广电比较重视的地方。

第三节 面临的问题及改进方法

党的十八大以来，中国特色社会主义进入了新时代，新闻媒体企业也因为新时代催生出新思想而需要进行媒体融合。传统媒体和新兴媒体的融合和优势互补能更加为媒体发展注入强大动力。湖南广播电视台作为一个强大的传统媒体行业主要面临以下问题。

第一，在资讯内容上更加复杂多样，媒介碎片化。

时代的急速发展带来的是时政、文化、娱乐等等各方面信息的大爆发，资讯交叉更加复杂，同时由于新闻媒介也不单单是电视、广播和网络，由网络滋生出的自媒体造成媒介的碎片化，对湖南广电这种传统媒体产生出巨大的冲击力。因此，湖南广电要继续保持在媒体行业的巨大优势，就必须提供更加优质的内容，内容是媒体行业最基本、最原始的元素，不能仅仅为了收视率和吸引眼球而导致播出内容无价值甚至以虚假来欺骗观众。

另外，媒体融合也要求内容上的融合。芒果TV作为湖南广电最具影响力的网络传播平台，更要在内容上不断创新，同时要和湖南广电旗下其他电视频道进行内容融合。从新闻收集、新闻编制、节目策划、影视剧制作等等各个流程达成多平台全过程交流，以实现创新创作能力的大大提高，以优质真实的内容吸引更多观众。

在 2017 年 7 月上海"艺术想象力峰会"上，湖南广播电视台党委委员、副台长陈刚提出了"智娱"的概念。"智娱"是湖南广电对未来自身发展的定位，但要真正达到"智娱"，不仅要吸收国内外同行优质资源和生产力，还要吸收文化、科技、生活各方面的优质资源，让各方面内容相互剧烈反应，形成真正的"智娱经济产业"。

第二，广告营销效率问题，不仅仅是广告播放量的增加。

广告产业是媒体行业最为重要的经济收益，但传统的广告营销是重复广告行为，造成观众的厌恶感，流失人气流量。要想达到高效率的广告营销模式，就要打破广告内容与观众之间的壁垒，让广告内容与新闻资讯和文娱内容真正地融合起来，达到一种共生关系。但是也要注意一个定量的把控，过多的广告内容会降低节目的优质性。

在"互联网+"时代，广告的传播也不仅仅是单线的直接向观众输送，同时也要注重通过互联网及其衍生物的双向反馈沟通，达到更具效率的广告营销。同时，电视和新媒体也是一种共生关系，利用新媒体媒介多样化特点，可以从源头（电视）发出，经不同的媒介传达给不同需求的观众，使广告营销更具针对性，从而效果更好。

另外，一个重要的点是：在广告投放时，必须考虑广告的定位和产品文化与电视节目或者影视剧的契合度，两者之间契合度越高，观众对其的接受度越好，其营销效率就越高。

第三，错将"收视率"视为唯一评估标准，须建立多维度评估系统。

当今媒体行业无论是影视剧、综艺节目等均以收视率来评估作品的质量，造成影视剧、节目等只是为了观众的眼球而存在，本身却缺乏其应有价值、有思想的东西，甚至传播了非主旋律的思想。因为媒体行业的特殊性，其自身有巨大的影响力，传播不当思想影响的不仅仅是一个或者几个群体。就湖南卫视来说，其全年累计的观众群多达 12 亿，因此若仅仅为了吸引观众而忽略了内容的正确性，则会丧失媒体企业的社会责任。

传统电视行业必须要转变唯收视率论的单一评估方式，建立一个全过程、全系统的多维度评估体系,并且实现评估智能化和精准化。现如今电视收视率只是一个小的方面,更多的传播发生在 OTT 端、IPTV 端、手机端等等。我们更应该注意到的是在网络端所反馈回来的信息,有没有传递给群众以正确的价值观、正确的舆论导向。要根据这些数据来全面判断媒体影响力。

第四,用户属性过于单一化,须多方面扩展用户群。

湖南广电一直以"青春、快乐"的元素来面对用户,比如湖南卫视《快乐大本营》《歌手》《中餐厅》;芒果 TV《全民大侦探》《甜蜜暴击》等。这些主打节目和主打影视剧的主要观众均是年轻化人群,所以湖南广电也被冠名为"娱乐台"。这是一种以收视率、明星、粉丝为主的"泛娱经济",这种模式所宣传的文化和思想还是趋于表面,没有更深层次的东西,那么这种方式就会被其他属性的用户所摒弃。

对于湖南广电来说,所谓的"泛娱经济"不能完全抛弃,收视率是每个媒体不能或缺的,但不能仅仅停留在"泛娱"表面,要往深层次挖掘达到"智娱"。"智娱"是以影响力、知识、达人为主的经济模式,"知识经济"并不是抛弃了"粉丝经济",现在湖南广电作为"造梦工厂",造就的是娱乐明星;对于"智娱"来说,不仅要娱乐明星,更要知识明星、科技明星、文化明星等等,这样的造梦工厂更加广泛和多角度。"智娱"的湖南广电能为更多种类的用户群提供服务,这种更深层次、代表文化甚至带着社会心理的服务能更加吸引用户。

第四节 努力方向

在十九大报告中,习近平总书记提出:"要深化文化体制改革,完善文化管理体制,加快构建把社会效益放在首位、社会效益和经济效益相统一的体制机制。"在文化体制改革中,总书记强调:推动传统媒体和新兴媒体融合发展,坚持传统媒体和新兴媒体优势互补、一体发展。这种一体化发展就要求以先进的科学技术为前提,以内容建设为根本,在内容、渠道、经营、管理等各方面的深度融合。

第一,内容深度融合。

湖南广电作为一家传统媒体企业,不仅形式、手段要深度融合,内容融合也是最根本的。芒果 TV 是湖南广电全力发展的唯一新媒体网络平台，自 2014 年开始以湖南卫视的资源为依托（其资源不在外销版权），开始进行媒体融合。但这是一种单向的内容融合。同年，芒果 TV 播出自制剧和自制综艺，至此两者实现了双向的内容融合。湖南广电是全国影响力排名靠前的地方媒体，其对转播权的收回，会影响其他较大的媒体企业效仿。在 2014 年中央电视台也收回世界杯的转播权，只通过 CNTV 进行网络播放，随后可能大面积造成各大卫视均闭门造车，那么可能造成门户网站和视频网站（无自制能力）严重受到影响。深度的内容融合不仅要在同一企业内双向内容互动，更要在整个互联网内进行多层面的内容融合。

第二，渠道深度融合。

对于传媒行业而言，渠道和内容同样重要，在媒体发展扮演至关重要的角色。渠道是信息传递的窗口，它直接影响了企业的经济利益和社会效益。"互联网+"的高速发展使信息渠道从"稀缺"转变为"过剩"，因此深度的渠道融合是媒体发展的方向。湖南广电现在实现了湖南卫视和芒果 TV 的渠道融合，并且两者实现了在媒体资本、数据、技术上的互联互通。然而，湖南广电拥有了传统电视、广播、报刊和互联网终端四大信息传播渠道，仅仅做到渠道融合是不够的。除了要对分散的媒介进行整合，实现信息的多次利用，更重要的是通过对用户大数据进行分析，来了解用户需求，有针对性地通过不同渠道向用户传递其感兴趣的信息以及其他服务。从传统的报刊、广播、电视到视频直播、IPTV、OTT 以及平板电脑、移动端，所有渠道全部融合，让信息成为内容、内容成为产品、产品转变为商品。

第三，经营深度融合。

经营融合要求企业在组织结构、商业模式、人员选拔、推广方式等各方面与新时代媒体业态相契合。经营深度融合必须从思维方式到实践方式逐渐摆脱对传统经营方式的依赖，顺应用户对传播渠道多样化的要求，使产品具有互联网特性。例如，在广告营销上面将传统营销和新媒体营销打通、"软广"和"硬广"打通，客户资源打通，经营策略打通，产业孵化和经营也融合打通。湖南广电要做的是：全盘策划、要素互通、优势互补的全媒体经营融合。全盘策划要求信息传播多维度多层面，内容精准无误；要素互通要求打通内外部各类资源，实现产品多样化；优势互补要求整个企业内部要有一个共同的目标，切勿各自为战，如此才能扩大企业品牌影响力。

第四，管理深度融合。

管理融合首先要做的就是从使命、顶层设计到具体管理方法、人才培养都相互打通。人是管理中最基本的单元，因而人力资源的融合是至关重要的。首先要转变多年来传统媒体对员工固有观念的影响，把媒体融合发展方向融入集团使命当中，支持体制改革，要建立与融合发展相对应的运行机制，同时管理人员要增强有关新媒体知识的学习，加大向员工服务的意识。其次健全人才培养、考核体制，"融媒"队伍除了包括传统媒体相关人员以外，还包括软件、大数据、战略分析相关人员，所以全面进行人员培训至关重要，使有能力的人才既能分工合作又能独当一面。一个全面公平的考核制度能巩固员工对企业的满意度，与传统媒体相比新媒体更加注重用户的互动，因此在员工考核方面要考虑点击率、分享、评论等。

第十章 SMG 及东方明珠社会责任报告

宋 婧[①]

摘要： 本报告对上海广播电视台、上海文化广播影视集团有限公司（英文统称 Shanghai Media Group，简称"SMG"）及旗下统一的产业平台和资产平台东方明珠新媒体股份有限公司执行社会责任的情况进行研究。主要从舆论引导与社会监督责任、市场责任、社会责任及责任管理几个方面对于执行社会责任的现状进行研究，同时，对如何提升 SMG 和东方明珠的社会责任执行力提出相应的建议。

关键词： SMG 东方明珠 社会责任

第一节 SMG 及东方明珠基本情况

上海广播电视台、上海文化广播影视集团有限公司（英文统称 Shanghai Media Group，简称"SMG"）是中国目前产业规模最大的省级新型主流媒体及综合文化产业集团。截至 2017 年底，SMG 共有职能部门 12 个，事业部 7 个，一级子公司 14 家，上市公司 1 家，二级子公司 74 家，三级子公司 4 家，共有从业人员 15 000 余人，总资产达 584.85 亿元，净资产 409.35 亿元。业务涵盖范围较广，包括媒体运营及网络传输、内容制作及版权经营、互联网新媒体、现场演艺、文化旅游及地产、文化金融、视频购物等领域。

目前旗下统一的产业平台和资本平台是东方明珠新媒体股份有限公司。东方明珠 1992 年成立，1994 年上市（代码 600832），是国内第一家上市的文化

---

① 宋婧，北京大学光华管理学院经济学博士后，中国人民大学新闻学院新闻学博士，现任职于中国日报社总编室。主要研究方向：影像传播、媒介融合、国际传播。

传媒公司。2011 年，百视通（代码 600637）公司上市，开启了全国广电新媒体业务的上市先河。2014 年，文广集团（SMG）进行整合，百视通吸收合并原东方明珠重大资产重组启动，并注入 SMG 集团相关优质业务资产。2015 年，重组后的新东方明珠成立，成为中国第一家产业链一体化布局的传媒娱乐上市公司。公司连续第二年入选中国财富 500 强，在文化传媒行业中排名靠前，是目前中国体量最大、产业布局最全面的国有文化传媒上市公司。

本报告关注 SMG 和东方明珠的社会责任执行情况，主要参考 SMG 和东方明珠上市公司的公开材料，如近年来的东方明珠披露的年报和季度报告，以及公开的社会责任报告等。

第二节　SMG 及东方明珠执行社会责任现状

东方明珠作为一家国有文化传媒上市公司，履行好舆论引导与社会监督责任，是其发展过程中的应有之义。本报告主要从舆论引导与社会监督责任、市场责任、社会责任与责任管理等几个方面对东方明珠及其控股股东 SMG 的社会责任现状进行分析。

一、舆论引导与社会监督责任

SMG 及东方明珠的舆论引导与社会监督责任，主要体现在其旗下的众多媒介平台的具体工作中。作为国内体量最大的国有文化传媒上市公司，其舆论引导与社会监督责任重大，目前东方明珠在该方面较有建树。

1. 深入学习习近平总书记的重要讲话精神，并贯彻落实到具体的节目制作传播中。为深入学习贯彻落实习近平总书记在全国宣传思想工作会议上的重要讲话精神，东方卫视制作推出一系列"小成本、大情怀、正能量"的节目，聚焦热点。注重创新，制作播出优秀纪录片，围绕"十九大精神"与"党的诞生地"主题，推出纪录片《大上海》、外宣纪录片《中国面临的挑战》第三季等。围绕"改革开放 40 周年"主题，着力制作纪录片《激荡四十年》《浦东传奇》《上海制造》等展现改革开放 40 年来取得的成就，以大情怀讲述时代精神。

精心宣传十九大精神。上海台精心打造的《不负新时代——十九大精神讲习》5集浸入式访谈节目，连续5天登陆东方卫视晚间黄金档。节目邀请复旦大学中国研究院院长张维为担任节目主讲嘉宾，在中国第一高楼"上海中心"，用生动的语言、清晰的叙述讲述中国发展内在逻辑。

2. 新闻传播综合实力较强，近年来在中国新闻奖评比中名列前茅。现有的新闻节目层次分明，具体栏目有看东方、东方大头条、东方新闻、环球交叉点、东方夜新闻、直播上海等。SMG在近年的中国新闻奖中表现突出，且获奖内容涵盖各媒体形态。2018年第二十八届中国新闻奖评比中，SMG荣获三个一等奖、两个二等奖，以优异的成绩继续领跑全国省级广播电视媒体，一等奖数量、奖项名次均名列前茅。2017年，有8件作品获奖，取得当年省级播出机构获奖总数第一、一等奖数量第一的好成绩。2016年，SMG有6件作品获得中国新闻奖，在全国省级广电媒体中的优势明显。

3. 在重大事件主题报道与传播方面表现突出。聚焦改革开放40周年、一带一路等重大新闻题材，在重要时段和重要节点推出相关重磅报道。如东方卫视于全国"两会"期间推出的纪念改革开放40周年特别访谈节目《为时代喝彩》，由全国人大代表曹可凡及主持人王冠担纲主持，取得较好的传播效果。

在上海举办的首届中国国际进口博览会的报道中，SMG表现亮眼。上海广播电视台发力进博会报道，发挥"主场"优势，开幕式前推出直播《新时代，共享未来——首届中国国际进口博览会特别报道》，两天共13.5小时大直播全景式呈现了首届进博会的盛况。在进博会举行过程中，东方卫视的《东方大头条》进行扩版，每天推出2小时的进博会午间直播特别报道；第一财经电视每天在日间新闻节目《财经早班车》等栏目中开辟5个"走进进博会"直播板块。

4. 媒介融合表现突出，大力拓展各类型媒介的受众和用户。截至2018年上半年，IPTV用户规模突破4 600万，较上年底实现用户新增600万；OTT用户达2 448万，较上年底实现用户新增348万；付费电视用户数6 000万，较上年底维持不变；点播用户数1 400万，较上年底增长200万；移动终端月活跃用户超过6 000万，较上年底月活用户增长超过100%。

二、市场责任

东方明珠是上海广播电视台、上海文化广播影视集团有限公司（SMG）旗下统一的产业平台和资本平台。2017年，东方明珠成为首批纳入国际权威指数MSCI的A股上市公司之一，入选"世界媒体500强""中国互联网企业100强"及"上海百强企业"，并连续7年入选中国"文化企业30强"。根据其公开公布的2017年年报和2018年半年报和第三季度报告，东方明珠总资产、营收收入及股东收益等情况如下。

1. 总资产情况

截至2018年第三季度末，东方明珠的总资产为37 787 841 369.73元。比2017年末增长1.22%。截至2016年12月，东方明珠总资产为37 332 215 322.07元，比2016年年末增长1.46%。

表10-1 东方明珠新媒体股份有限公司2018年度财务数据和指南

单位：元 币种：人民币

	本报告期末	上年度末	本报告期末比上年度末增减（%）
总资产	37 787 841 369.73	37 332 215 322.07	1.22
归属于上市公司股东的净资产	27 941 399 043.83	27 555 968 957.15	1.40
	年初至报告期末（1—9月）	上年初至上年报告期末（1—9月）	比上年同期增减（%）
经营活动产生的现金流量净额	1 949 061 531.20	-375 584 074.79	不适用
	年初至报告期末（1—9月）	上年初至上年报告期末（1—9月）	比上年同期增减（%）
营业收入	9 280 808 078.47	12 197 977 733.59	-23.92
归属于上市公司股东的净利润	1 510 962 417.90	1 012 575 010.54	49.22
归属于上市公司股东的扣除非经常性损益的净利润	890 534 265.86	550 497 190.71	61.77
加权平均净资产收益率（%）	5.415 1	3.794 4	增加1.620 7个百分点
基本每股收益（元/股）	0.442 5	0.295 6	49.70
稀释每股收益（元/股）	0.442 5	0.295 6	49.70

（上海证券交易所东方明珠新媒体股份有限公司2018年第三季度报告）

2. 营业收入情况

2018 年上半年，东方明珠新媒体股份有限公司实现营收 60.28 亿元，实现归属母公司净利润 12.4 亿元。截至 2018 年第三季度，公司主营业务分行业情况如下：

表 10-2 东方明珠新媒体股份有限公司 2018 年第三季度主营业务分行业情况

单位：万元 币种：人民币

分行业	营业收入	营业成本	毛利率（%）	营业收入比上年增减（%）	营业成本比上年增减（%）	毛利率比上年增减（%）
媒体网络	154 990.86	105 057.29	32.22	-52.24	-58.58	10.37 个百分点
影视互娱	46 887.60	37 656.23	19.69	-4.35	9.10	-9.90 个百分点
视频购物	290 565.29	239 219.39	17.67	-26.07	-25.84	-0.26 个百分点
文旅消费	99 722.90	51 872.67	47.98	-0.01	-4.60	2.50 个百分点

截至 2017 年底，公司主营业务分行业情况如下：

表 10-3 东方明珠新媒体股份有限公司 2017 年底主营业务分行业情况

分行业	营业收入	营业成本	毛利率（%）	营业收入比上年增减（%）	营业成本比上年增减（%）	毛利率比上年增减（%）
影视互娱	109 371.83	69 352.29	36.59	-13.59	-29.16	13.93 个百分点
媒体网络	514 958.17	401 653.95	22.00	-32.67	-34.93	2.71 个百分点
视频购物	732 320.63	596 603.61	18.53	11.29	13.49	-1.58 个百分点
文旅消费	243 081.10	132 425.63	45.52	-35.39	-28.30	5.39 个百分点

从上表显示的情况来看，公司主要营业收入来自视频购物和媒体网络，截至 2017 年底和 2018 年第三季度，两者相加占营业收入的比例分别为 78% 和 75.4%。不管是截至 2017 年底，还是 2018 年第三季度，两者都占到总营业收入的将近 8 成。2014 年启动重组以来，公司进行内部资源整合，优化管理结构。目前，东方明珠公司已完成了影视互娱、媒体网络、视频购物、文旅消费四大业务板块的重组，实现了业务板块与事业群的直接对应。

其中，视频购物是公司营业收入的最主要来源。公司旗下东方购物是目前全国销售规模最大的视频购物平台，也是全国电视购物行业绝对的龙头企业，已有注册会员 1 100 万。根据其公开的 2017 年年报显示，"随着行业发展与技术升级，以视频为特色的购物形式价值凸显，公司积极探索跨界渠道融合，在

PC+app、电视频道、杂志的基础上，通过融合平台的优势，拓展了 OTT+IPTV，建立了以视频购物为特色的全媒体立体销售平台，探索出'视频购物'+'互联网'的新模式"。

媒体网络则是营业收入的第二大来源，东方明珠在媒体网络领域拥有全牌照自制，具有渠道拓展和内容产品矩阵两大核心优势。打造以 BesTV 融合媒体平台为核心，推进媒体网络板块智慧运营升级。在媒体网络中，IPTV 和广告收入占比最大。探索以 IP 为核心的全产业联动开发模式，拥有大量优质的 IP 产品，在内容生产方面加快布局。

3. 股东收益情况

截至 2017 年末，东方明珠新媒体股份有限公司归属于上市公司股东的净利润为 2 236 911 179.87 元，比上一年降低了 23.76%，归属于上市公司股东的净资产为 27 555 968 957.15 元，比上一年增长了 4.03%。

东方明珠积极分红，2018 年 4 月，以 2017 年 12 月 31 日总股本 2 641 252 316 股为基数，公司向股权登记日登记在册的 A 股股东每 10 股派发现金股利人民币 3.5 元（含税），送 0 股，以资本公积金转增 3 股，共计分配现金股利人民币 924 438 310.60 元。

根据东方明珠 2018 年半年报，2018 年公司大力推进智慧运营驱动"文娱+"战略落地，持续推动 OPG 云的升级工作，努力打造融合媒体平台建设，持续完善文娱消费布局，在实现用户持续增长的同时进一步实现业务与服务的融合打通。2018 年上半年，公司实现营收 60.28 亿元，实现归属母公司净利润 12.4 亿元。

三、社会责任

SMG 和东方明珠新媒体股份有限公司注重公司社会责任，主要体现在扶贫工作、关爱员工以及责任管理上面。

1. 注重扶贫工作，并结合自己的媒体特性开展特定扶贫

一是开展多种形式的扶贫工作。东方明珠十分重视扶贫工作，认真贯彻党中央关于扶贫攻坚的重要指示精神，对口帮助困难地区希望学校，搭建校舍和多媒体教室，提供教学用品，帮助困难学生完成义务教育。东方购物在"情系山区书送希望"公益活动中，党委、党支部联合联建单位共同发动员工为 12 所贫困山区中小学捐赠文具等，惠及 8 700 余名学生和教职人员。

二是积极运用自身优势，在媒体上开展扶贫工作。利用自身的媒体传播优势，在新媒体上开设贫困地区 IPTV 电视专区开展扶贫工作，通过新媒体积极支持贫困村商品销售，增加农民收入。百视通在四川试点省内扶贫 IPTV 电视专区，在 IPTV 上销售省内各级贫困村的特产等产品，形成长效扶贫机制，获得四川省扶贫基金会"精准扶贫、贡献突出"奖。

三是运用自己的优势资源和平台，制作扶贫节目，起到了良好的传播效果。东方卫视制作播出了中国首档大型公益扶贫节目《我们在行动》，已经播出了第二季，获"2018 全国脱贫攻坚奖组织创新奖"。该节目积极探索如何更好的"精准扶贫"，所有参与的嘉宾零片酬，凸显了该节目的公益性。该节目为了更彻底地贯彻"公益"二字，包括中国扶贫志愿服务促进会、中国社区扶贫联盟以及东方卫视、易居中国、新浪微博等在内的多家联合出品方达成一致："本节目所有广告收益在覆盖制作成本之后有结余的，不分配，全部用于第二季扶贫公益节目的拍摄制作，帮助更多贫困县农民的好产品走入大城市千家万户，节目收益全部用于贫困县的脱贫实事。"

四是开展精准扶贫。公司及下辖的子公司与湖南芷江东方明珠希望学校建成帮扶项目，通过各级党组织与首批 40 名帮扶学生建立对接联系，扎实推进各项帮扶助学工作。东方明珠团委也为学生开设爱心公益课，并实地走访慰问困难学生。

五是继续推进和扩大扶贫工作业务。2018 年继续扩大湖南芷江东方明珠希望学校帮扶结对学生范围，发动公司 70 个基层党支部与困难学生结对。继续帮助贫困山区学校改建校舍，建立多媒体教室，安装互联网机顶盒，开通教育节目包。同时，也扩大在新媒体上特色扶贫的范围，继续探索更多形式的扶贫方式。

2. 关爱员工，提升员工工作生活保障

东方明珠关爱员工，出台一系列的规章制度保障员工权益，不管是员工工作上的提升，还是员工生活的保障，都制定了一系列完善的保障措施。

一是完善员工培训与发展的路径，推动员工更好地工作。2017 年东方明珠新媒体股份公司大力推进了企业培训和组织学习，推动东方明珠向学习型组织进一步迈进。除了为员工提供良好的工作环境和机会，也十分注重员工的学习和成长。

二是保障员工权益。公司及旗下子公司根据国家有关法律法规，与所有员工签订了聘用合同或劳动合同。同时，严格执行国家有关员工休息、休假制度，依法按照规定的比例为所有员工缴纳单位应缴纳部分的社会保险费。公司制定《在职职工探望慰问和困难补助的指导意见》《帮困互助金管理章程》等，帮扶生活有困难的职工，为员工解决工作和生活上的实际困难。

三是在员工的薪酬方面，制定更加合理的制度。公司制定的薪酬制度，兼顾公平和效率，薪酬与绩效挂钩，鼓励员工最大化地发挥自身的优势。同时，针对现在各媒体公司竞争激烈的现状，给予员工在市场中颇具竞争力的薪酬回报。为鼓励优秀员工，公司对有突出事迹的部门、员工进行嘉奖，并以"嘉奖令"的形式，对先进事迹进行总结、宣传，让员工产生强烈的职业自豪感，同时也在全公司范围内形成向上奋进的氛围。

3. 责任管理突出社会责任理念，设定多种有效的社会责任沟通方式

作为一家媒体企业，社会责任一向是重中之重，应放在经济效益之前。东方明珠的社会责任理念融入到企业的文化体系之中。

一是东方明珠分层次清晰表达社会责任理念。东方明珠的社会责任理念主要分成三方面：环境责任、社会责任、市场责任。其中，"环境责任"主要是由"绿色管理责任""绿色运营责任"等构成。社会责任主要由政府责任、员工责任、科技创新、扶贫责任、公益等构成。市场责任则由股东责任、伙伴责任以及客户责任构成。

东方明珠的企业文化中即包含社会责任理念，包括企业的使命、愿景和价值观，都深深根植于社会责任。

二是设定多种有效的社会责任沟通方式。东方明珠注重与利益相关方的责任沟通，并设定不同具有针对性的社会责任的沟通方式。如与股东的沟通体现在及时准确披露公司公告、召开股东大会、投资者交流会、组织路演、各类投资者沟通机制等方面。与客户沟通，则体现在客户满意度调查、产品宣传指导、客户服务电话、各类售后服务等方面。与员工的沟通体现在培训机制、导师沟通、考核机制、员工问询调查、员工心理辅导等方面。与政府的沟通则体现在政策指示、工作汇报、日常沟通。与媒体的沟通，如完善媒体沟通及媒体发布体系、及时更新官网和官方微信等。同时，东方明珠加强与弱势群体的沟通，参与帮扶实践、整合帮扶资源、提供帮扶资金、组织帮扶成果拜访、开展

技能培训等。

东方明珠积极履行和承担社会责任，已经连续第二年主动撰写并披露社会责任报告，同时在官网已开通社会责任专栏，便于各界随时查询东方明珠社会责任实施情况。2017年8月，公司举行了履行社会责任推进仪式，15家履行社会责任子公司悉数到场，公司领导为履行社会责任的15家子公司颁发了"履行社会责任，奉献企业爱心"纪念证。

第三节　执行社会责任存在的问题及提升路径与方法

社会责任的执行是一个文化传媒企业发展的重要组成部分，SMG和东方明珠在此方面已经做了很多的工作。但是目前在社会责任的执行中还存在一些问题，如社会责任的概念需要强化，并落实到整个企业发展的过程中。同时作为文化传媒企业来说，体现和落实社会责任相关工作的传播还不够充分，还需要进一步在发展过程中进行强化传播意识。

一、加强重大新闻事件的宣传，更好地彰显传媒的综合传播影响力

一个企业提升自己的社会责任，首先表现在做好自己的主营业务和核心工作上。SMG作为一个传媒集团，新闻业务是其承担和发挥社会影响力的重要抓手。这需要上海文广集团在重大新闻事件中发声，提升自己的舆论影响力，在国内舆论场中强化自己的传媒领军形象，同时借助上海的国际化平台，在国际舆论场中也占有自己的一席之地。

上海作为一个国际化大都市，是许多重大新闻发生的承载地，上海文广集团的新闻业务可以上海本地发生的新闻为着力点，进一步提升自己在舆论场中的话语权。如作为2018年重大主场外交活动之一的中国首届国际进口博览会，SMG制作播出了很多关于进博会的新闻节目，东方明珠旗下广电制作完成了SMG"进博会新闻中心""进博会融媒体演播室"的项目设计、制作、安保等工作。上海文广集团和东方明珠在此类重大主场外交活动中可以"大显身手"，利用自己的地缘优势，报道好传播好进博会，制作更多独家报道，成为更多媒

体的消息源，这样既增强了文广集团的综合传播影响力，在正面宣传报道中发挥了自己的优势，同时也强化和提升了 SMG 和东方明珠公司的社会责任以及在受众中的印象。

二、通过旗下多媒体渠道进行传播，强化自身社会责任担当的宣传

在集团各新媒体平台上加强社会责任意识的宣传。上海文广集团是一个综合性的传媒集团和文化企业，拥有各种形态的媒体。目前 SMG 旗下有上海新闻广播等 13 个广播频率、东方卫视等 15 个电视频道、《第一财经日报》等 6 种报纸杂志。同时，旗下新媒体产品也十分丰富，有 BesTV 平台，融媒体新闻产品"看看新闻 Knews"，互联网音频社群应用"阿基米德"，"第一财经"新媒体矩阵等。

公司在执行社会责任过程中发起的一些活动，可以第一时间在官网上进行动态报道和跟进，同时在自己的多媒体传播渠道上也进行相关新闻信息的传递，让 SMG 和东方明珠的受众和投资者也能第一时间了解到公司在社会责任方面的众多举措。

三、注重借助其他媒体资源，传播本公司的社会责任意识和行动

SMG 和东方明珠旗下的众多公司在承担社会责任方面做了很多事情，如帮扶贫困地区和困难学生建立帮扶结对关系等，但是对此宣传力度不够。如果要获取这方面信息，还需要主动去查询社会责任报告才能看到。这就需要在平时更多地进行宣传，积极运用其他新媒体的资源进行宣传，让更多人了解到。不管是在企业内部，还是在社会上，都需要树立东方明珠这样一种勇于承担、帮扶弱者的形象。

新媒体平台互动性强，年轻受众多，媒介融合时代需要在新媒体平台上加大社会责任意识的宣传，与更多受众直接对话和互动，既能让更多受众了解到 SMG 和东方明珠的社会责任担当，也能更好地促进公司员工的责任感。

四、在下属各公司强调社会责任的重要性，加强整个企业的社会责任意识

提升整个集团的社会责任执行力，需要在下属各企业中强化所担当的社会

责任，这样才能提升整个企业的社会责任意识。

强化各企业各员工的社会责任意识。企业员工需要了解本企业的社会责任执行现状，以及社会责任对于上海文广集团及东方明珠的重要性，做到人人心中都有"社会责任"这根弦。

定期举办相关活动，让"社会责任"的理念深深植根于企业内部。SMG和东方明珠作为文化传媒公司，员工更应该强化社会责任意识，这需要平时举办更多的内部活动，让员工自发地在工作中想到自己肩负着的社会责任，以此更好地贯彻到工作中。

第十一章 内蒙古广播电视台社会责任报告

闫伟华[①]

本报告从利益相关方视角出发，结合广电媒体特点及其新媒体转型现状，梳理了内蒙古广播电视台 2017 年的社会责任执行情况，揭示其在社会责任执行方面存在的不足，并提出相应建议。

2017 年内蒙古广播电视台在保障安全播出的情况下，积极履行舆论宣传及正面引导的职责，尤其是在全国"两会"、内蒙古自治区 70 周年大庆和十九大等重大主题宣传及舆论引导方面表现突出。在马克思主义理论大众化宣传方面再上新台阶，《开卷有理》逐渐成为有影响力的理论宣传节目，在青年受众中引起一定反响。在社会服务方面，农牧频道得到农牧民受众的认可，收视率和满意度不断上升，儿童频道也因多档益智类、教育类原创节目得到受众和监管者的认可。此外，还通过积极进行员工培训，举办公益性社会活动和注重生态环境报道等方式践行媒体的社会责任，不断提升责任管理意识。

但是，内蒙古广播电视台在履责方面也存在不足，如市场竞争能力弱，商业广告下降导致营收能力差，节目的传播力和影响力有待提高，日常外宣工作不足等。因此，内蒙古广播电视台应根据区域、民族、市场、宣传等多重任务要求，结合新媒体转型机遇，提高履责能力，满足党和政府、受众等多元利益方对传媒企业社会责任的要求。

---

① 闫伟华，博士，内蒙古大学文学与新闻传播学院。

第一节　内蒙古广播电视台基本情况

内蒙古广播电视台①是一家综合性传媒机构，2014年响应国家文化体制改革要求，由内蒙古广播电台和内蒙古电视台合并而成。内蒙广电拥有蒙、汉两种语言的频率、频道和腾格里网为代表的新媒体矩阵，拥有国家新闻出版广电总局批准的9套广播频率、8套电视频道，面向国内30余个省份播出，其中蒙语对外广播草原之声、蒙语新闻综合频道（蒙古语卫视）还在蒙古国、俄罗斯联邦布里亚特共和国等境外落地，承担着内宣和外宣的双重任务。②

为了积极应对新媒体的冲击，2017年内蒙古网络广播电视台获国家新闻出版广电总局许可，内蒙广电正式成为持有网络广播电视台牌照的机构。新设立的内蒙古网络广播电视台是在原内蒙广电"腾格里"网的基础上扩建开办，其互联网视听节目服务类别从两类四项增加至三类十一项。同时首次获得时政类视听新闻节目首发服务和重大政治、军事、经济、社会、文化、体育活动、事件的实况视音频直播服务等资质。③内蒙广电积极利用新旧媒体优势和特点，在节目内容形式、渠道拓展、受众服务等方面不断创新，通过广电与网络数字媒体的融合，加强媒体的影响力和传播力，有效完成党和政府的宣传任务，提供受众满意的节目和服务社会等不断践行作为主流媒体的社会责任。

作为民族地区的广播电视媒体，除了汉语广播电视节目之外，内蒙广电还承担着向区内400多万蒙古族群众提供优秀的蒙古语广播电视节目的责任，服务着国内新疆、甘肃、青海、吉林等八省区蒙古族聚集区受众的收视需求，同时承担外宣任务，因此社会责任的践行尤为重要。

---

① 内蒙古广播电视台以下简称内蒙广电。
② 综合内蒙古广播电视台社会责任报告2015、2016、2017年资料。
③ 国家新闻出版广电总局官网。

第二节 内蒙古广播电视台执行社会责任现状

一、通过重大主题报道，发挥舆论引导功能，完成党和政府的要求

2017 年内蒙广电在重大主题宣传报道方面表现突出，特别是在全国"两会"、内蒙古自治区 70 周年大庆、十九大和"一带一路"等重大主题报道中表现出色，展示了成就、宣传了政策，得到了认可。

1. 整合资源，打造"中央厨房"融媒体两会报道矩阵

内蒙广电统筹多样态的节目与平台资源，启动融媒体报道机制，制定详细的"中央厨房"融媒体报道方案，全方位报道了 2017 年全国"两会"。"中央厨房"由广播新闻中心、电视新闻中心、新媒体中心及媒体融合发展推进组等部门联合组成，近 90 名蒙汉语编辑、记者、摄像和技术等人员组成了全国"两会"融媒体中心。2017 全国"两会"省级人民广播电台官号社交传播力榜数据显示，内蒙古广播于 3 月 3 日和 3 月 5 日两次位居榜首，3 月 4 日和 6 日，入围 10 强。"人民网—泽传媒"打造的 2017 全国两会全网传播"省卫新闻"融合力榜单上，《内蒙古新闻联播》以融合力指数 3.683 8 位列第 18 名。深度评论节目《新闻再观察》微博"2017 全国'两会'互动讨论专区"阅读量截至 3 月 6 日超过 100 万人次。此外，蒙古语广播在《全区联播》和《早间新闻》节目中，还开设了"直通全国'两会'""'两会'同期声"等专栏。通过有效策划、媒体联动、节目创新等方式，内蒙广电的两会报道得到了国家新闻出版广电总局及中宣部的肯定与表扬。

2. 提前谋划，前后联动，全方位展示内蒙古自治区 70 年发展成就

2017 年是内蒙古自治区成立 70 周年，对这一重大庆典活动，内蒙广电从 2017 年 4 月份就开始启动相关报道，各档新闻节目前后开设了 30 多个专栏，播发了上千条主题报道，同时还利用航拍等先进技术手段为新闻报道增彩。70 周年大庆是内蒙广电的主场主题报道，由于地域和心理的接近性，全台上下高度重视，早就开始相关节目的策划和素材的累积，如内蒙古电视台节目制作中

心《靓丽内蒙古》节目制作团队在2015年、2016年就跨越内蒙古东西部进行拍摄活动，积累了大量素材，创作了《靓丽内蒙古》系列宣传片。通过2017年几个月的集中式组合式报道，蒙汉语节目同步，全媒体融合传播，为区内外、国内外的受众呈现了辽阔壮丽的草原风情，展现了70年守望相助的发展成就，对内蒙古区情及发展进行了的全方位报道。2017年6月7日国家新闻出版广电总局《收听收看日报》第115期对70周年宣传报道工作进行了专题点评，给予高度评价。

3. 总结成就，展望未来，精彩纷呈的十九大报道

2017年5月开始，内蒙广电重点新闻节目就陆续推出专栏，为十九大的召开营造气氛。十九大召开期间，重点新闻节目分别推出了"与梦想同行""领航中国"两大专栏，推出议程报道、评论报道、解读报道和成就报道。十九大闭幕后，重点新闻节目又开设专栏《以习近平新时代中国特色社会主义思想为指引 建设亮丽内蒙古 共圆伟大中国梦》《新时代、新气象、新作为》等专栏，及时对十九大胜利召开后的各界学习反响予以报道。

经过会前预热、会中报道、会后反响的阶段式、有重点、有策划的报道，内蒙广电的十九大报道也得到各方认可，如特别报道《这五年 不平凡 新时代："人民"二字重千钧》在中宣部十九大宣传报道例会上得到点名表扬；系列移动直播《我用这样的方式爱你》点击量超千万，受到自治区党委宣传部的肯定。

4. 创新节目形态，促进中蒙俄经济走廊建设，展示"一带一路"成就

"一带一路"倡议提出后，中蒙俄经济走廊建设不断加快，对内蒙古经济建设和连通内外提供了新机遇，加强宣传，沟通内外就成为媒体的重要责任。2017年5月14日—15日"一带一路"国际合作高峰论坛举办，内蒙广电汉语卫视频道同步转播了五场高峰论坛相关活动，蒙古语卫视频道还译制播出了"一带一路"国际合作高峰论坛开幕式、记者会及部分活动情况，有助于受众了解"一带一路"的发展情况。

内蒙广电还通过创新节目来宣传"一带一路"，2017年举办了大型青年真人秀主题节目《创金丝路》，节目组自2016年4月开始从700多位中蒙俄报名者中进行海选，最终选择了30位选手参与节目拍摄，促进了三国青年在创新创业道路上传承弘扬"丝绸之路"的友好合作精神，节目以参赛者的视角推广

了"丝路文化"与"双创文化",用接地气的方式宣传了相关政策。此外,内蒙广电创作的大型纪录片《草原新丝路》获得亚广联最佳纪录片提名,本片展示了随着"一带一路"倡议的提出,中蒙俄经济走廊建设之路的快速发展情况。

5. 借助重大主题宣传,开创外宣新格局

借助70周年大庆、一带一路等重大主题宣传报道,2017年内蒙广电的外宣工作也开创了新局面。第一,策划符合国外受众接受心理的节目,通过境外落地,宣传中国形象和声音。为宣传"一带一路"倡议,促进青年在创新创业道路上传承弘扬"丝绸之路"的友好合作精神,内蒙广电蒙古语卫视频道创办青年真人秀主题节目《创金丝路》,该节目于2017年3月20日在蒙古国乌兰巴托电视台播出,获得观众的认可和好评。第二,请进国外媒体记者,走访内蒙古,展现70年发展成就。在党和政府领导下,内蒙古自治区在政治、经济、文化等方面取得了优异的成果,这也是向外展示内蒙古各项成就的契机。内蒙古自治区外宣办主办,内蒙广电承办的"走进内蒙古·感知70年"中蒙媒体举行了大型的联合采访活动,两国记者于6月9日—19日深入内蒙古乌兰察布市、锡林郭勒盟、赤峰市、二连浩特市等地进行深度采访,蒙古国媒体对内蒙古70年的发展成就进行了深入报道。

二、创新节目形态,坚守舆论阵地,创新理论宣传

1. 创新理论宣传方式,加强马克思主义理论的普及化

新时代如何通过节目创新,坚守舆论阵地,做好理论宣传是媒体重任。2016年5月内蒙广电《开卷有理》理论宣传节目开播,成为全国推进马克思主义及其中国化、理论通俗化、大众化的典型代表。节目播出后,在社会上引起了强烈反响,表现在:第一,其他主流媒体积极响应反馈,人民网视频频道可以在线观看,其他主流媒体也纷纷给予高度评价;第二,引起专家学者讨论,各种文章不断见诸报刊,既有理论探讨,也有热点讨论;第三,获得了社会各方的高度评价,包括政府管理部门、社会一般组织,如获得国家新闻出版广电总局2016年度广播电视创新创优节目的表彰,2016年度"影响中国传媒"影响力社教栏目荣誉,2017年内蒙古自治区三八红旗手(集体)荣誉称号。

节目还积极从电视屏幕走入年轻人的课堂,如内蒙广电和内蒙古大学联合

举办《开卷有理》进校园活动,通过融媒体直播开了一堂生动别样的思想政治课。《马克思靠谱》是《开卷有理》第一季的同名通俗读物,2017年该书入选"大众喜爱的50种图书"榜单,位列文化类图书第五名,此次评选活动由全国4 000万张选票选出。此外,2016年《马克思靠谱》还曾入选第七届优秀通俗理论读物,该书首印5万册销售一空,在青年读者中产生了广泛反响。《开卷有理》作为一档理论宣传节目做到了有意思、有意义,实现了思想性与艺术性的统一,对其他理论节目的创新有很强参考意义。

2. 新旧媒体互动,提升民生新闻影响力,有效进行舆论监督

内蒙广电收视率最高的几档民生新闻节目有《都市全接触》《新闻天天看》《百姓热线》《雷阵语》,拥有微博和微信粉丝100多万,受众可以实时了解新闻节目的内容以及策划的各项活动,同时还作为热线平台为节目收集新闻线索。《百姓热线》《雷阵语》微博和微信更是成为内蒙古地区民众维权、求助的重要通道,很多源于新媒体平台的信息,最后制作成为电视新闻节目,实现新媒体平台和传统电视节目的互通互动。

三、服务受众,关爱员工,宣传环保,践行媒体的社会责任

1. 对受众的责任

除了为受众提供优质的广播电视节目,2017年内蒙广电在受众服务方面有两点比较突出。

(1) 结合民族地方实际编排节目,农牧频道彰显特色服务

2016年3月1日,内蒙广电农牧频道正式开播,这是内蒙古地区第一个面向农村牧区的专业电视频道,并得到相关涉农单位的支持。农牧频道坚持以"为农牧民代言、给农牧民帮忙","深度服务三农三牧"为宗旨,宣传自治区党委政府的各项路线、方针、政策。农牧频道以清晰的定位、特色化的编排和农牧民喜闻乐见的表现形式打造了一个面向农村、牧区服务的专业频道。利用电视媒体的优势,农牧频道全力讲好"三农三牧"故事,展示了新常态下内蒙古农村牧区的新风貌、农牧民的新生活,宣传推广了内蒙古农牧产业领域的新形象、新发展、新成果。

2017年农牧频道逐渐成为在农牧民中较有影响力的专业频道,一度取得内蒙台各频道收视率第二名的好成绩,全时段收视率不断稳步上升,年平均增幅

超过了100%。尤其是晚间19:50开设的经典剧场,在各频道收视排名中异军突起,频道晚间黄金时段广告价值突增,在内蒙古各地面频道中脱颖而出。目前,农牧频道目标受众逐步趋于稳定,形成了以电视剧为基石,以新闻为带动的收视保障。

表11-1 2017年度农牧频道部分节目收视成绩

序号	节目名称	播出时间	呼和浩特市(%)		内蒙古地区(%)	
			收视率	收视份额	收视率	收视份额
1	小满广播站	19:10	0.247	0.895	0.203	0.61
2	农博士	22:40	0.04	0.347	0.035	0.669
3	文化大院	19:10	0.26	0.932	0.3	0.893
4	牧博士	22:40	0.025	0.318	0.024	0.692

从收视情况来看,农牧频道逐步获得了农牧民的认可,这也得益于把频道宗旨有效贯彻到日常节目和宣传中,让农牧民朋友在收看中获得有效的信息。通过传递各类农牧业资讯,解读各项农牧业政策,宣传推广符合实际的农牧业技术和提供符合农牧民收视需求的各种娱乐信息,农牧频道较好地做到了贴近性传播。

(2)关注青少年发展,儿童频道自制节目得到认可

2005年1月1日内蒙古少儿频道开播,这是全国第七家开播的少儿频道,领先于很多经济发达地区,节目可以覆盖全自治区,并在蒙古、俄罗斯等国播出。少儿频道开播十几年来,打造了一批优质的自制少儿节目,得到了国家管理部门的认可。2017年国家新闻出版广电总局对全国广播电视播出机构的34个"迎接十九大优秀少儿节目"予以表彰,内蒙古少儿频道的《说法班会》荣获电视节目二等奖,并获得了20万的扶持资金。

与目前多数少儿频道的各类动画片播出时间较长,或是商业化少儿娱乐选秀节目较多相比,内蒙古少儿频道原创节目有一定特色,这些原创节目根据少年儿童受众接受心理并贴近民族地区实际创作,如2017年重点打造了两档成长类节目《厉害了 草原娃》和《爱U 我要去》。

2017年6月18日少儿频道蒙古语版开播,有《纳荷芽译制动画城》《纳荷芽儿童剧场》《八省区少儿节目展播》等固定播出节目群,并穿插播出知识型、游戏性、教学性节目。由于承担着全区及八省区蒙古族少年儿童收视需求,蒙

古语卫视频道一直有优秀的少儿节目，具有长期制作蒙古语少儿节目的实践经验，如《娜荷芽》栏目，该栏目获得2016年度国家新闻出版广电总局少儿节目精品发展专项扶持项目支持，并获得10万元的扶持资金。少儿频道蒙古语版的开播，更好地满足了蒙古族少儿受众的收视需求。

2. 公益慈善与正能量传播

（1）结合节目特点开展各类公益活动

通过节目影响力，进行有效的社会动员开展各类公益活动，是内蒙广电服务社会的一个亮点，尤其是利用品牌栏目和主持人的知名度和号召力，在各类公益活动中吸引社会民众的关注和参与，并逐步常态化。特别是利用各类节庆假日举办活动，妇女节、读书日、植树节、青年节等均举办过各类社会公益活动。如，2017年1月19日，"雷蒙老歌会——百姓春晚"就是公益主题"输送爱心，书送未来"，也是《雷蒙公益》栏目策划组织的大型公益助学活动；3月3日，经济生活广播携手呼和浩特天使公益协会举办了"学雷锋 公益行"志愿服务系列活动；3月5号，新闻综合频道《新闻天天看》栏目组织100多名"王芸公益"志愿者，来到和林格尔县舍必崖乡敬老院，为老人们送医药送衣物；三八妇女节当天，音乐之声的读书节目在新华书店举行了"最美的遇见"文化沙龙；世界读书日，经济生活广播《宝贝总动员》节目与内蒙古图书馆少儿馆共同举办了"让书籍永不闲置 让知识永不停歇"闲置好书换书活动；五四青年节，王芸公益协会的青年志愿者走进乌兰察布市四子王旗巨巾号乡区域敬老院；5月7日广播新闻中心携手内蒙古万里行公益协会等单位启动了"文明常青树"万里公益行活动。

综观2017年的公益活动尤其以"雷蒙公益"和"王芸公益"的活动比较突出，同时带动各栏目线上线下公益活动的常态化和日常化。王芸是《新闻天天看》节目主持人，作为社会公众人物，积极利用自身的影响力献身公益，组建"王芸公益"团队，目前已有几百名志愿者，不定期走入社区组织爱心活动，并有效利用栏目的影响力进行宣传。

（2）通过各类公益广告传播社会正能量

2016年内蒙广电就把公益宣传片的策划拍摄、制作播出列为宣传工作重点。其中各类公益广告的创作和宣传成为内蒙广电近两年的工作重点之一，也是社会责任履责中的亮点。公益广告主题集中在：讲文明树新风、关爱留守儿童、孝敬老人、文明诚信、消防安全、安全用电、环境保护等人民群众关心关注的热点焦点问题，这些公益广告传播了社会正能量，彰显了媒体社会责任的担当。2017年内蒙广电公益广告播出情况为：广播8个频率安排播出了32 736条、累计时长26 166分钟的公益广告，平均日播90条、72分钟；电视7个频道安排播出了60 225条、累计时长44 895分钟的公益广告，平均日播165条、123分钟，远远超出《广播电视广告播放管理暂行办法》规定的公益广告占总播出量3%的要求。近两年，内蒙广电公益广告的制作和播放数量明显增加，内容质量大幅提升，多条公益广告获得2017年内蒙古自治区广播电视公益广告奖。同时结合内蒙古自治区的民族、地域特色，创作了一批公益广告，如拍摄制作的"内蒙古制造公益系列"广告，宣传和引导效果明显。

（3）结合媒体优势进行扶贫宣传

内蒙广电的各频道栏目结合自身节目特点对农牧产品进行宣传，有效缓解了一些农牧产品积压和销售流通问题。利用媒体社会宣传和动员的优势，解决问题的针对性更强，如农牧频道的《小满广播站》《农博士 牧博士》等栏目，既有结合栏目特点的农产品宣传，又有结合线下的营销售卖活动，对解决部分农牧民的农产品销售起到了良好效果。乌兰察布市凉城县永兴镇北棚村是内蒙广电的定点扶贫点，2017年5月内蒙广电的相关领导专门到扶贫村调研具体的扶贫成果。

3. 多层次培训，提升员工发展空间

面对数字媒体的冲击，传统媒体人不仅要转变观念，同时也要与新媒体的发展要求相适应，这就要不断提高自身的业务能力和素质。一方面内蒙广电为员工提供各种培训机会，让员工能够与新媒体时代的发展相适应。除了台内的常规业务学习，2017年内蒙广电举办过多次培训。

一是贯彻中央精神的业务学习。2017年9月22日，组织采编播人员参加马克思主义新闻观教育网络培训，一线采编播人员在内蒙古自治区新闻出版广电局分会场进行学习。

二是聘请行业内知名媒体人进行培训。邀请中央电视台主持人敬一丹，做了关于《变局中的空间》的讲演，170多名新闻采编人员参与学习，并做了深度交流；中央电视台《走遍中国》栏目制片人王贵亮介绍制作经验，内蒙广电组织采编一线人员进行网络学习；《中国绿色时报》高级编辑王兮之做了"中国新闻奖评奖及作品评析"的讲座，对采编人员的节目制作提升有较大贡献。

三是新媒体格局下广电发展新思路的培训。邀请赛立信媒介研究有限公司和尼尔森网联媒介数据服务有限公司媒介研究专家作专题讲座。赛立信媒介研究有限公司客服总监张月红围绕新媒体融合下收听的应用案例，分析了内蒙古广播收听数据优势。尼尔森网联媒介数据服务有限公司副总载牛存有做了题为《融媒体环境下广播媒体传播力的提升》的专题讲座，讲座从移动互联网正在改变广播媒体的生态环境切入，对当前的广播收听终端、收听习惯、收听市场、收听形态进行了深度解读。

另一方面广电媒体竞争加剧，人员流失不容小觑。通过对内蒙古地方媒体调查显示，普遍存在优秀人才流失情况，区县级媒体的优秀人才被省级媒体挖走，省级媒体的优秀采编人才被中央级或发达地区媒体及新媒体挖走，所以如何有效留住人才、激励人才也是员工服务的要求，尤其是解决部分媒体人员的身份和薪酬待遇问题尤为突出。为了更好发挥各类员工的积极性，防止人员流失，近两年，内蒙广电着力逐步解决员工的身份和待遇问题。此外，还创新体制机制，建立各种形式的制作团队和工作室，给予员工更大主动权，进一步激励员工的积极性，如刘钦团队与央视合作的《创客中国》大型创业节目获得成功。

4. 加强环保宣传，践行对环境的责任

媒体对环境的最大影响便是通过宣传，唤起公众的环保认知，进而促成环保实践。从 2017 年的情况来看，内蒙广电在以下几方面表现突出。

第一，在关涉环保的重大议题中加大宣传报道，特别是本区域议题。2017年9月《联合国防治荒漠化公约》第十三次缔约方大会在内蒙古鄂尔多斯召开。内蒙广电按照重大主题报道要求，详细策划落实报道方案，圆满完成了宣传报道任务，对内蒙古的环保实践和环保成果进行了很好的宣传。

第二，通过广播电视作品践行舆论监督责任，宣传环保理念。广播专题作品《内蒙古首例保护草原行政公益诉讼案——开启我区草原保护新篇章》在内蒙广电《法治直播间》节目播出后引起强烈反响，并获得中国新闻奖一等奖。近年来，由于对草原的过度开发、超尺度开采，脆弱的草原生态进一步恶化。本次公益诉讼案中，检察机关、草原监督管理部门、政府三方权力对簿公堂，作为内蒙古自治区首例保护草原的行政公益诉讼为环境保护支起了一把保护伞。

2017 年播出的电视剧《在草原上》，是内蒙古自治区拍摄制作的第一部反映现实题材的蒙古语电视连续剧，讲述了改革开放 40 年来草原牧民保护草原生态、建设美丽家园、发展现代畜牧业、勤劳致富的故事。该剧播出后收到区内外各地 3 000 多封观众来信，蒙古语卫视微信公众平台点播量超过 150 万人次。

第三，通过环保公益宣传进行环保实践动员。交通之声广播《1056 大家帮》节目组织上万名听众种植沙棘树苗两万多棵，命名为《交通之声》公益林。此外，还通过播放环境保护类的公益广告进行环保宣传，如爱护环境、节能环保、分类垃圾等主题广告。

5. 社会责任管理意识的提升，管理制度逐步确立

自 2014 年媒体社会责任报告制度试点以来，多家媒体已经开始定期发布社会责任报告，以强化媒体的社会责任意识。内蒙广电从 2015 年开始发布社会责任报告，至今已连续发布三年。在每年的报告中，按照相关体系要求，详细梳理了过去一年媒体在各方面的履责情况。通过分析这三年公布的社会责任报告，内蒙广电作为民族地方媒体，社会责任意识在不断增强，同时随着社会责任报告发布的连续化，增强了媒体的社会责任管理意识，形成了制度化的履责制度，定期发布年度责任报告，通过内部宣传刊物《广播电视宣传》刊载履责信息。

除了定期发布社会责任报告，近两年，内蒙广电在公共服务等方面开始形成制度化文本，以内部规章的形式践行某些社会责任，如在重大主题报道方面，从选题策划开始便形成有效的规章制度，协调各方力量进行配合与联动，共同完成重大主题的报道，2017 年全国"两会"、内蒙古自治区 70 周年大庆和十九大等重大主题报道中，跨部门、跨媒体形式的联动制度起到了重要作用，很好地完成了党和政府的宣传要求。2016 年内蒙广电开始把公益宣传片的策划拍摄、制作播出列为宣传工作重点，并逐渐形成专门团队和制度化要求，内蒙广电的公益广告已进入创作播出的快车道，形成良性循环。

第三节　内蒙古广播电视台执行社会责任存在的问题

从 2017 年社会责任执行情况来看，内蒙广电对党和政府的履责情况较好，特别是通过全国"两会"、内蒙古自治区成立 70 周年和十九大等几个重大主题

的出色报道赢得管理部门的肯定与嘉奖，同时还出现了部分现象级作品，受众的整体反响也不错。然而，内蒙广电的履责情况也还有一些不足，具体表现在以下方面。

一、市场竞争力弱，国有资产增值能力差

除了事业经费外，广播电视最重要的营收来源是商业广告，但是通过实际收视观察[①]来看，2017年内蒙广电的商业广告播出量减少明显。营收减少一定程度上会影响节目的制作水平，因为缺少经费节目质量无法得到有效保障，进而还可能引起其他连锁反应，如节目不好看，收视率下降等，最终是影响宣传和舆论引导的效果。因此，看似提高营收是单纯的商业行为，是为了完成对国有出资人的责任，但在未有效转型找到其他营收模式之前，还会影响到媒体对各方利益主体社会责任的践行。

二、整体节目制作水平不高，影响媒体社会责任的提升

虽然有《开卷有理》《创客中国》《新闻天天看》等一批区域影响力较大的节目，但是内蒙广电的节目制作水平整体上还有待提升，与发达地区卫视存在明显差距，多数节目在策划创意、内容主题、拍摄手法、表现形式、后期包装等方面落后于时下的流行元素。节目水平上不去，缺乏创新，势必影响收视率，虽然收视率不是衡量节目好坏的决定因素，但是收视率低，又进一步影响内容的传播力和引导力。根据广视索福瑞（CSM）媒介研究有限公司提供的全国52测量仪的统计数据显示，2017年内蒙广电收视数据有明显提高，但是进一步分析来看，电视剧的贡献率较大，拉动了频道的整体收视，各类原创节目影响力还有待提高。

三、日常外宣能力有待提升

借助70年大庆宣传报道，2017年内蒙广电配合相关宣传部门进行了中蒙

---

① 没有查询和收集到内蒙广电2017年广告收入情况，以平时的收视观察为依据，对比以往情况分析得出。

媒体大型的联合采访活动，还策划了中蒙俄三国大型青年创业真人秀节目《创金丝路》，但是除了基于重大主题的外宣活动，日常的外宣能力还有待提高。内蒙广电部分频率频道能在蒙古和俄罗斯落地，拥有外宣优势，在地缘、文化同源、"一带一路"倡议等背景下，如何提高日常节目境外的影响力，让蒙古国和俄罗斯受众既了解内蒙古，又能对外传递中国声音，日常节目的外宣功能不容忽视。因此，外宣不应依赖于一时的重大主题报道宣传，这种效果毕竟是短暂的、不连续的，而应渗透到日常对外节目中，起到润物细无声的效果。

第四节 内蒙古广播电视台社会责任提升策略

一、增强市场竞争力，提升对出资人的责任

在新媒体冲击下，广电媒体发展遇到很大的挑战，一些收视二线甚至三线媒体遭遇困境，内蒙广电也不例外，商业广告减少，引发一系列问题。目前来看，一是通过打造影响力强的节目、合理进行节目编排提升收视率，吸引广告商；二是迫切需要开发新的营收渠道，来弥补商业广告流失带来的资金困难，如能否通过新媒体的融合运营开辟途径；三是媒体的重新定位发展问题，如果更多定位于公益性服务型媒体，那么经营模式也将随之改变。从政府作为管理者又作为出资人的角度来看，对兼有民族地方特性的广电媒体的定位和要求是否也应有所变化，这对发展遭遇困难的广电媒体而言也很重要。

二、融合时代发展趋势与脉络，提升节目制作水平

媒介融合时代，任何一种媒体都不能固守已有的经验，需要在产品内容、形式、渠道等多方面互相融合。对内蒙广电而言，需要真正结合融媒体时代的思维，集合各方力量，从节目创意到生产包装、到最终渠道融合提升节目水平。一是需要从意识上革新，不能期许在既有的思维模式上修修补补就能与时代同步，赢得受众青睐，而是要结合时代、媒介、技术、受众等多方变化，明晰自身的定位；二是要整合多方力量，联动内外部的人财物资源，凝聚力量打

造一批有影响力的节目,而不是依靠老旧电视剧的反复播出来提升收视率;三是与新媒体的深度融合,内蒙广电建立了微信、微博、客户端和腾格里网的新媒体矩阵,但是多为广播电视内容的翻版平台,并未把融媒体思维体现在产品制作方面,这种将传统节目产品搬上网的模式已不适合发展要求,如何把新媒体的思维、渠道、内容呈现形式等结合广电媒体特点做深度融合是当务之急。

三、发挥文化同源优势,增强日常外宣能力

内蒙广电的外宣工作有很多优势,一是能够在蒙古国、俄罗斯联邦布里亚特共和国等境外落地,具备了外宣的基本条件;二是与蒙古国和布里亚特的蒙古族具有文化同源优势,节目内容在境外受众中的文化折扣较低,语言的共同性与文化的同源性使之更容易被接受;三是可以在日常节目中实现外宣功能,而不必再单独制作内容,相对而言,外宣成本更小。基于以上几点,内蒙广电应在日常节目中有意识地增加外宣功能,而不是依靠某些重大主题报道来实现。特别是在"一带一路"倡议下,中蒙俄经济走廊的建设更需要相互之间的了解,媒体作为连接彼此文化桥梁的作用很重要。

第十二章　云南广播电视台

刘　敏[①]

内容摘要：2017 年是云南广播电视台搬迁到新址的第一年，对硬件升级改造和栏目整合优化齐头并进。本报告采取文献法和归纳法对云南广播电视台的社会履职责任情况进行评估，探索广播电视媒体履行社会责任的路径和方法。2017 年，云南广播电视台发挥舆论宣传主阵地，以高度的使命感和责任感宣传国家重要主题；发挥区域优势，强化国际传播能力；主动服务人民群众，维护社会稳定、促进区域内经济繁荣，努力履行国有省级传媒企业的社会责任和市场责任。但是，2017 年是全国广播电视媒体竞争格局深刻变化的关键年，云南广播电视台在各种叠加矛盾和困难中前行，与其他省级广电媒体还有一定差距，社会责任执行能力还需提升。

关键词：云南广播电视台　社会责任　媒体　执行能力

第一节　云南广播电视台基本情况

云南广播电视台最早可追溯到云南人民广播电台的创建。1950 年 3 月 4 日，云南人民广播电台创建。1969 年 10 月 1 日，云南电视台建成开播。2012 年 8 月 29 日，云南人民广播电台与云南电视台合并，组建了现今的云南广播电视台。云南广播电视台是一家以广播、电视为主，以电影、新媒体、有线网络、报刊等资源为辅的综合性传媒机构。经过近 70 年的发展，现已经建成了具有高水准的集采、编、播为一体的现代化综合性传媒机构，现有新闻频率等

[①]　刘敏，博士在读，云南警官学院编辑部副编审，主要研究方法为公安媒介、旅游者行为与编辑学。

10 个广播频率（新闻广播、民族广播、香格里拉广播、经济广播、音乐广播、教育广播、交通广播、少儿广播、农村广播）、云南卫视等 8 个电视频道（云南卫视、都市频道、娱乐频道、生活资讯频道、影视频道、公共频道、少儿频道、七彩公交频道、云视机场频道、国际频道）和"七彩云"、云视网等多个新媒体平台及报刊等资源，通过短波、中波、调频、卫星、网络等多种手段发射传输，2017 年全省广播、电视覆盖率分别达到 98.39% 和 98.66%[①]。云南广播电视台卫视频道覆盖人口 9.2 亿，地面频道（除国际频道）覆盖全省，国际频道信号主要覆盖南亚、东南亚；7 个广播频率综合覆盖云南省 2 452.95 万人口。国际频道信号已经覆盖了 18 个国家和地区，卫星接收用户超过 3 000 万。其中香格里拉之声覆盖东南亚 18 875.36 万人口，是集采编播为一体的现代化综合性传媒机构。截至 2017 年底，云南广播电视台编制人数 1 379 人，均为事业编制。2017 年年末在职在编事业人员 939 人，离休人员 9 人。

2017 年是全国广播电视媒体竞争格局深刻变化的一年，是云南广播电视台多年积累的各种矛盾叠加爆发、面临困难最多的一年。云南广播电视台 2017 年总收入 77 844.62 万元，其中：财政拨款 14 877.01 万元，占总收入的 19.11%；事业收入 57 262.70 万元，占总收入的 73.56%；其他收入 5 704.90 万元，占总收入的 7.33%。云南广播电视台 2017 年总支出 90 356.55 万元，其中：基本支出 75 634.55 万元，占总支出的 83.71%；项目支出 14 722.00 万元，占总支出的 16.29%。总支出较上年减少了 34.83%，主要有两方面原因：一是本年创收不理想，支出预算大幅压缩，使得基本支出较上年减少了 5.07%；二是本年财政项目拨款大幅减少，项目支出较上年下降 75.04%。[②] 但是在全国电视媒体格局变动和深化的背景下，云南广播电视台推进体制机制改革，积极推进广播电视供给侧结构性改革，推进股份制改革，积极融入"一带一路"战略议程，加强节目创新，提升声屏形象，彰显省级媒体应有的特色创新与责任担当。2017 年 3 月，云南广播电视台顺利完成省委省政府交办的搬迁任务，实现了高清化升级改造。2017 年 6 月，依托云技术平台的"七彩号"陆

---

① 云南省 2017 年国民经济和社会发展统计公报，云南日报，2018 年 6 月 12 日，http://yndaily.yunnan.cn/html/2018-06/12/content_1224330.htm?div=5.
② 云南广播电视台 2017 年度部门决算，云视网，2018 年 8 月 15 日，http://www.yntv.cn/content/2018/08/361_531890.html.

续上线，成为政府部门、高校、企业等量身定制的新媒体宣传载体，为社会各界全力打造的"七彩云"融合媒体平台扩宽了政务信息、民生服务的渠道。2017年8月，"云南此刻"新媒体产品正式上线，成为云南广播电视台"七彩云"媒体平台的新成员。"云南此刻"运用最新的H5技术，以"云南此刻，24小时美景播不停"为愿景，向世界展示云南的人文、美景、风土人情，传播正能量，发掘美丽云南与本土产业结合发展。2017年8月，云南广播电视台完成2017年抚仙湖国际半程马拉松的直播任务，这是省广播电视台历史上首次面向市场提供"大型移动高清融媒体网络直播"服务。2017年9月，云南广播电视台对"喜迎十九大、行走彩云南"进行全媒体大型直播活动，直播场次共计47场，直播总时长达40小时。2017年10月，云南广播电视台制作的十九大专题报道受到中宣部表扬。2017年10月，在全国广播节目技术质量奖（金鹿奖）的评选中，云南广播电视台推选的作品获得录制技术质量奖二等奖一名、三等奖三名，广播剧三等奖一名，片花二等奖一名、三等奖一名的良好成绩。

云南广播电视台加强新闻队伍人员管理，在新闻采编、报道和节目制作过程中规范从业准则，使各项工作有章可循，形成自觉抵制不良风气的良好氛围。在广告经营方面，始终认真履行合法经营职责，遵守市场诚信规则，严格执行广告三级审查制度，确保从源头上切断违法广告或不良广告的发布。云南广播电视台始终坚持用中国特色社会主义武装头脑，理论学习和意识形态两手抓。强化新闻工作队伍建设，提高编辑记者的新闻业务能力和政治思想水平，努力打造一支全媒体型、专家型、学者型的舆论宣传队伍。2017年，云南广播电视台新办理新闻记者证85本，首次注册、延续注册播音员主持人证71本，持证上岗率达95%以上。云南广播电视台始终把安全播报视为生命线，播出信号链路实施一主二备；坚持干部带班制度，对系统建设、工作流程进行认真梳理和改进，把故障隐患消灭在萌芽状态。2017年，全台实现安全优质播出广播节目5.2万小时，电视节目7.5万小时，未出现零停播责任事故，圆满完成播出任务。

第二节 云南广播电视台社会责任现状

发挥舆论宣传主阵地，以高度的使命感和责任感宣传国家重要主题；发挥区域优势，强化国际传播能力；主动服务人民群众，维护社会稳定、促进区域内经济繁荣，这是省级国有传媒企业应尽的责任和义务。2017年，云南广播电视台贯彻落实中央的安排部署，围绕省委省政府中心工作，大力宣传习近平新时代中国特色社会主义思想、十九大精神、精准扶贫等重大主题；发挥云南区域优势，展示云南新风采，传播云南好形象；全力打造新媒体模式，整合视频、音频、文字、图片等新闻资源，主动服务人民群众，维护社会稳定、促进经济繁荣，进一步展示新时代省级主流媒体形象。

一、舆论引导与社会监督责任

1. 立体式宣传，推动党的十九大精神

2017年，全国媒体都以高度的使命感和责任感，利用各自优势，多角度、全方位对党的十九大的各项议程和活动开展宣传报道。云南广播电视台高度重视、提前谋划、精心组织。从5月18日起，全媒体新闻中心、新闻频率先后推出了"砥砺奋进的五年""喜迎十九大""党的光辉照边疆、边疆人民心向党""十九大代表风采"等栏目，对内凝聚"云南力量"，对外塑造"云南形象"，全面展示云南省政治、经济、社会发展的成绩，为党的十九大召开营造了良好的舆论氛围。为了让人民群众更加明了国家改革政策和发展目标，7月下旬，云南卫视频道在重要时段重播《辉煌中国》《将改革进行到底》等10余部重点纪录片。9月20日上午10点，在中央电视台新闻频道播出了由中央电视台和云南广播电视台联合制作的喜迎十九大的特别节目《还看今朝·云南》。此节目将普通人的生活融入云南全省的发展变化中，从青山绿水、鲜花绽放、少数民族唱新歌的画面里感知云南省砥砺奋进、执著不悔的前进故事。9月22日至10月13日，云南广播电视台推出了《喜迎十九大 行走彩云南》全媒体大型直播活动，为了这次联播活动，全省16地州广电媒体工作人员600余人参与其中，直播报道47场，直播总时长达到40小时，全面报道了云南省5年来在经济发展、改革开放、民族团结、生态建设等方面发生的翻天覆地变化，引起了省内、国内甚至海外民众的强烈反响。同样为了迎接十九大召开，中共云南省委宣传部、云南广播电视台共同策划摄制了专题片《牢记嘱托 砥砺奋进——云南省推进三大战略定位建设纪实》，全面反映云南省推进民族团结进步示范区、生态文明建设排头兵、面向南亚东南亚辐射中心建设取得的成就，并于10月17日在云南卫视频道播出。在十九大召开期间,云南新闻联播播放了精心制作的《聚焦十九大·新闻会客厅》节目,"砥砺奋进决胜小康、百年圆梦走向复兴",不但获得中宣部的表扬,而且获得十九大代表和民众的肯定和好评。十九大闭幕之后,云南广播电台的骨干记者相继报道了省委、各厅局机关、各州市认真学习宣传贯彻十九大精神的活动现场,并跟踪报道中央及省委宣讲团和十九大代表团开展下基层宣讲的主题活动。先后推出"走基层 抓落实 促跨越"主题采访活动、专题采访、专题报道等节目,让党的十九大精神宣传深入人心。与此同时,云南广播电视台打造的"七彩云"云平台发布的有关十九大的报道得到积极反馈,获得评论400余条,总阅读量超过100万余次,形成网上网下共同关注和贯彻十九大精神的舆论格局。

2. 发挥"喉舌"作用,当好党的舆论宣传阵地

2017年的"两会"期间,云南广播电视报道的50条新闻在《新闻联播》播出,"新闻频率"栏目在全国"两会"省级电台官号社交传播力总榜中排名第七。习近平考察云南两周年纪念期间,云南广播电视制作系列宣传片"发展之路",对两年来云南省围绕"三大定位""五个着力"的工作进行总结。建军90周年之际,推出《军旗飘飘》《我是一个兵》等专栏,挖掘军旗下的激情与硝烟,勇敢与智慧,战胜困难和开创历史的感人故事。为展示云南省干部群众认真学习贯彻党的十九大精神,云南广播电视台开办"跨越发展、争创一流、必须赶超、奋勇争先"栏目,突出宣传一支能够担负跨越发展重任的"云岭铁军",为走好跨越发展"新长征"提供坚强的组织保证。

二、弘扬社会责任和公益精神

1. 积极开展对口帮扶工作,重点宣传中央扶贫政策

按照中央扶贫攻坚的指示精神,2015年以来,云南广播电视台各党支部与三台乡过拉地村15个党支部结对共建,截至目前,中层以上领导干部共与241户贫困户结成了"亲戚"。2017年9月23日、24日,云南广播电视台新闻频率党支部、民族频率党支部在云南民族村开展了"扶贫济困 点滴有爱——大姚·三台核桃爱心义卖大型扶贫公益活动",以促进挂钩点贫困户快速脱贫、稳定增收为目标,活动实现了与市场精准对接,推广销售三台乡农特产品。11月,云南广播电视台党委书记、台长蔺斯鹰率广播电视台挂包干部深入楚雄彝

族自治州大姚县三台乡过拉地村委会拉务小组开展挂包帮转走访和结对共建工作，并在三台乡召开云南广播电视台扶贫工作领导小组三台现场办公会，协调解决精准扶贫中遇到的实际困难。"扶贫先扶志"，早在5月期间，在云南广播电视台第二届"筑梦之旅"公益活动中，来自对口扶贫的三台乡的孩子们和家长来到省内高校参观学习，系列公益活动让贫困山乡孩子放飞梦想。精准扶贫既要注重政策落实，又要营造良好的氛围，做好精准扶贫宣传工作。从云视网粗略统计来看，从2017年4月28日到12月31日，发布的与扶贫工作相关的新闻约360条，云南广播电视台采编的新闻占到三分之一。先后播报了《云南省政府扶贫办开通12317扶贫咨询服务和监督举报热线电话》《"云南扶贫热线"微信公众号上线》《中国质量之行：质量精准扶贫走进云南小微企业》《云南省产业扶贫工作会议强调 聚焦关键精准发力科学务实推进产业扶贫工作 为实现稳定脱贫致富注入持久动力》《云南省扶贫先进事迹报告暨脱贫攻坚表彰大会在昆召开》《云南省扶贫开发领导小组召开第七次全体会议强调 深入学习贯彻党的十九大精神 坚决打赢新时代第一场硬仗》《云南省将建设精准高效社会扶贫工作平台》《丘北：健康扶贫破解"因病致贫"》《西南片区深度贫困地区旅游扶贫工作会在怒江州召开》《云南省委常委会召开会议强调深入开展扶贫领域腐败和作风问题专项治理》《中共云南省委常委会召开会议强调深入开展扶贫领域腐败和作风问题专项治理 为脱贫攻坚提供坚强的纪律作风保障》《云南省赴上海对接沪滇扶贫协作工作 李强会见云南省委省政府领导》《景谷：易地扶贫搬迁让群众过上幸福新生活》《12月云南省健康扶贫冬季暖心服务活动启动》等内容，从扶贫工作部署、具体措施、发现问题、解决问题等阶段聚焦云南省扶贫工作。

2. 大力弘扬公益精神，矢志践行社会责任

2017年，云南广播电视台全年策划、播出自制公益广告共59条，播出频次121 609次，播出时长59 328.2万多分钟，获国内外公益奖项17个，并因此荣获"优秀组织单位"称号。与此同时，云南广播电视台以组织、报道、派员参加等多种形式参与到社会公益实践活动中去。2017年5月，云南电视台青青老师参加母亲节公益活动，领舞的《孝满人间》的哑语舞蹈把整个晚会推向了高潮，使"传承孝道，中华美德；为爱出发，成就梦想"主旋律不断深入人心。2017年11月，云南广播电视台都市频道、公共频道携手香丹清集团开展

"寻找云南好儿女"大型公益活动。活动目的在于通过社区、邻里推荐及媒体线索征集等方式,寻找云南关爱父母、孝顺老人的典型人物,弘扬中国传统孝道文化,积极引领社会孝老敬老风尚。"民生关注""云南新闻联播""云视午新闻""都市条形码"等栏目着重报道公益项目,仅2017年5月—10月,就宣传播报了"助老助残 听力健康"公益行动、"义肢助残"公益项目、"关爱脑瘫儿童公益活动 走进特殊教育学校"、昆明中药厂举办教师节爱心捐赠公益活动、"爱心圆梦大学 公益助学活动 助力精准扶贫"、"携手石林天外天 助力关爱痛风公益活动"、中石化云南公司开展国庆"安全出行·绿色环保"公益活动、"幸福微笑——救助唇腭裂儿童"公益项目签约仪式、中国银行云南省分行主办的"齐跑彩云之南为新时代打call"公益跑等20余项活动。

三、履行对外传播和文化繁荣的使命

1. 以"一带一路"为己任,说好"云南故事"

云南的地缘优势决定了云南建设面向南亚东南亚辐射中心的使命与定位。云南广播电视先后通过"聚焦一带一路 建设辐射中心""服务一带一路""领航新征程""一带一路 我的故事""新视野"等栏目,让人民群众理解"一带一路"的大背景、大理念、大原则,强化内容,丰富形式,以生动、活泼的方式讲好"一带一路"与云南的故事。2017年3月,国际频道专门制作春节宣传片《胞波新春祈福贺岁》,得到中国驻缅甸大使馆高度评价。2017年4月,云南电视台报道了云天化集团积极参与"一带一路"建设,深化滇缅农业合作的新闻,详细解读了云天化在缅甸的国际化策略和品牌建设之路。2017年5月,完成云南最大铁路枢纽改造完成新闻报道工作,这个全新的铁路枢纽将在之后的几十年满足全国货物、云南货物的进出,为云南经济发展提供运输的需求,为"一带一路"提供物流支撑。2017年7月,云南广播电视台以"云南担当"为主题的"一带一路请进来与走出去"的战略系列讲座进行了系列报道,专家们阐释了"一带一路"下云南的发展优势和机遇,并对云南在境外市场如何开拓等具体问题提出构想。2017年12月13日至14日,《相约2017——澜沧江·湄公河流域国家文化艺术节开幕晚会》及歌会在娱乐频道播出,让观众感受到六国文化荟萃西双版纳,湄公河流域民族文化悠久绵长,彰显云南文化事业蓬勃繁荣之势头。2017年12月,云南广播电视台直播了在昆明举办的"一带一

路·七彩云南"国际汽车拉力赛，而随即在泰国清迈举行的商贸洽谈会则是"体育搭台、经贸唱戏"的重头戏，践行中央国务院"一带一路"的指示要求。其中，全媒体新闻中心的《新视野》栏目改造升级后，具有国际视野，制作精良，观点独到，全面探讨了"一带一路"带来云南的机遇、倡议、合作、前景等议题。

2. 提高民族新闻舆论传播力，凝聚各族人民的民心

云南人民广播电台始终关注少数民族和民族地区的发展，以提高民族新闻宣传舆论传播力、引导力、公信力、影响力为目标，把各族人民的民心凝聚在以习近平同志为核心的党中央周围。创办于1955年的云南人民广播电台民族广播，始终关注少数民族和民族地区的发展，关注扶持人口较少民族发展，特别是对云南省农村的扶贫开发、节庆活动、边境民族稳定工作、落实惠民政策等方面进行重点报道。如今有德傣、西傣、傈僳、景颇、拉祜5种民族语言广播和汉语普通话节目。每天10小时5分钟的民族广播，通过卫星传送，覆盖了昆明、德宏、西双版纳、怒江、思茅、临沧等少数民族聚居地区，以及老挝、缅甸和泰国等周边国家。4月10日至15日，民族广播团队对2017年傣德昂族泼水节庆祝活动进行了全媒体直播，四场泼水节直播累计在线观看节目达到96万多人次。12月23日上午，民族广播、迪庆广播电视台和维西电视台联合直播维西县傈僳族阔时节暨叶枝镇第三届阿尺木刮节开幕式。通过云南民族广播6个微信平台和迪庆台新媒体终端观看直播的人数达两万余。云南人民广播电台香格里拉之声，是我国现有的三个独立发射覆盖的对外广播电台之一，是云南省唯一的对外广播媒体，覆盖东南亚18 875.36万人口。2017年9月迪庆州州庆期间，云南广播电视台、香格里拉之声、迪庆州广播电视台等，直播了民族特色歌舞晚会、文艺表演等联欢活动，及时宣传产品展销会、招商引资会、旅游合作会等一系列经贸、旅游、文化交流活动，向广大网友全面展示迪庆藏族自治州"安居乐业、保障有力、家园秀美、民族团结、文明和谐"的美好藏区新画卷。

四、关注民生和满足受众精神文化需求

1. 倾听百姓心声，服务百姓生活

云南广播电视台推出形式多样的生活服务栏目和便民信息，为百姓提供及

时、全面、准确的信息服务。作为云南电视台的王牌栏目《民生关注》，从创立之初就以"关心群众利益、服务百姓生活"为宗旨。"时效、贴近、参与、亲和"既体现了亲切自然的民生新闻的特点，也为民众生活提供便捷服务，成为当之无愧的收视冠军，其市场份额占到70%以上。都市频道的王牌民生新闻栏目《都市条形码》是一档真正为民说话的栏目，"新闻为人民服务，新闻从昆明说起"娓娓道来的街头巷尾事，真实再现了昆明百姓的日常生活，轻松而具有内涵，平实而不乏犀利。都市频道《条形码封面》《大口马牙》收视率也排名在前，建立了稳定的观众群。交通频率品牌节目《91.8早高峰》今年继续保持在昆明地区同时段广播节目中平均收听率、市场占有率排名第一的位置。2017年，云南广播电视台以市场为导向，调整优化频率频道、栏目节目定位。都市频道、公共频道、交通频率开设栏目，每逢节假日对交通实况、天气预报、旅游景点情况进行预报，为民众出行合理安排路线和购票指南。特别是在小长假期间，通过共享"云南省交通运输路网信息发布平台"信息资源，可以向民众提供动态的、实时跟进的交通服务信息。2017年8月29日，云南广播电视台都市频道、公共频道、云视新闻七彩云、全媒体平台同步直播"昆明地铁三号线、六号线一期开通试运营"。新闻频率每周两次推出《金色热线》，成为干部联系群众的"直通车"、热心为民办事的"服务台"、了解社情民意的"晴雨表"、化解社会矛盾的"减压阀"、落实各项政策的"监督岗"，开启了多家单位晚上联动的新模式。2017年接到听众来电和网络留言1 500条，反馈回复率达到100%，确保人民群众的诉求权、知情权、参与权、监督权。针对群众关心的汽车消费问题，交通频率推出了汽车消费维权节目《91.8铿锵车语》。通过进一步优化和升级《91.8交通违法曝光台》，倡导百姓文明出行，通过宣传和营造和谐文明交通环境减少不文明交通行为发生。公共频道先后开设《警界线》《法治中国60分》《以案释法》等多个法治栏目，成为云南省普法宣传的重要平台。由云南省公安厅新闻办精心制作的公安题材电视栏目《警界线》在云南电视台公共频道开播一个月以来，受到广大电视观众的强烈关注，前三期节目播出后不断创下该台自办栏目收视新高。从7月27日起，将独立包装、分配的《警界线》在公共频道独立播出。高考期间，云南广播电视台新媒体中心派记者分赴考场、昆明交警、交通之声演播室，启动第十四届"爱心送考"活动。

2. 精心策划节目，满足受众精神需求

2017 年，云南卫视全新改版后的《中国灯谜大会》《我该怎么办》《让我帮助你》《哈罗，90 后》等栏目受到广泛欢迎和喜爱，既弘扬了社会主义核心价值，传播了正能量，又满足了不同年龄、不同阶层受众的精神需求。2017 年，娱乐频道精心制作了两场昆明聂耳音乐节大型交响音乐会《彩云追梦》和《聂耳颂歌》。为了向青少年树立美德和思想道德的重要性，少儿频道开设《乡村少年宫》栏目，乡村少年通过多种方式传颂自己的家风家训，讲述周围的美德故事。经济频道晚间推出了《月色书香》文化读书节目，活色生香、香溢春城，用国学经典讲述中华文化精髓，此节目荣获国家新闻出版广电总局 2017 年第二季度广播电视创新创优节目的殊荣。为满足大学生观影需求和让高校影院成为思想道德建设及公共艺术教育的有效平台，云南广电传媒集团公司设立"七彩院线——高校影院"项目，让云南的大学生方便欣赏到喜闻乐见的电影和创作活动。①

第三节　云南广播电视台社会责任存在的问题

2017 年，云南广播电视台始终牢记省级广播电视台的使命和责任，做好贯彻党的政治宣传工作和重大事项报道工作，树立云南形象，讲好云南故事，取得社会好评。但是，由于城市广播电视台处于行业间急剧竞争的阶段，特别是互联网等媒体的影响，云南广播电视台在履行社会责任上还存在一定拓展空间，有待进一步提升和改进。

一、广播电视与新媒体融合的纵深发展仍需加强，市场效益不容乐观

2017 年初，云南卫视将完成位于昆明呈贡新区的亚广中心搬迁工作，实现技术上的一次革命性飞跃。硬件设施和技术配套已经居于国内前列。但是在节目编排、人员配置、资源整合等软件支持方面，仍与东部发达地区省台有一定

---

① 云南广播电视台社会责任报告（2017 年度），新华网，2018 年 5 月 30 日，http://www.xinhua-net.com/zgjx/2018－05/30/c_137217490_3.htm.

差距，内容创新仍然局限本土化，尚未有在全国范围内较高知名度、高收视率的新闻或娱乐栏目，一定程度上影响了云南卫视在全国省级电视台的排名。虽然历经一系列改革措施，改版后的品牌节目和质量有所提升，但是经营收入仍然捉襟见肘。与 2016 年以前相比较，2017 年的营业收入持续下滑。

二、网站刊载内容比例过多，信息披露不够全面及时

云视网是云南广播电视台、云视传媒集团的官方网站，是云南唯一的网络广播电视播出机构。从网站搜索引擎搜索到的主题信息来看，一半以上信息转自其他媒体，很多信息源不明确，新闻真实性难免打折扣。例如，2017 年 12 月 18 日《云南省赴广东对接粤滇扶贫协作工作》的新闻来源不明。浏览整个网站，视听信息丰富，但是关于集团或云南广播电视台的主体信息缺失。经营效益、人事变动、机构调整等重大事项都无法在网站上查询。

三、日常帮扶工作报道较为薄弱，对弱势群体报道有待加强

2017 年，云南广播电视台用大量人力物力重点报道了"十九大""两会""扶贫帮扶""一带一路""建军 90 周年庆典"等议题和活动，但是对于反映日常社会责任的信息较少。近几年，由云南广播电视台撰写的《云南广播电视台社会责任报告》较少谈及存在的问题，且相较于 2014、2015 年的责任报告内容，2016 年和 2017 年的责任报告中，云南广播电视台对编辑、记者、员工、读者、作者等利益相关者的责任较少涉及。此外，在云视网上，查询"帮扶弱势群体"相关内容，大多数信息与"扶贫"工作相关，而与关爱弱势群体的内容涉及不多。

第四节 云南广播电视台社会责任执行力的提升路径和方法

一、继续推进产业结构创新，兼顾市场效益

研究国家当前政策，深入领会转型时代媒体的困境与生机，以省委组织部

巡视整改为契机，建立一支针对形势政策和媒体研究的专业队伍和研究机构，就政策难点及热点、栏目调整、资源整合、产业调整、拓宽收入等方面提出建议，并定期出台决策咨询报告。在广告经营方面，要探索新媒体营销模式，加大应收款催收力度，完善和规范广告经营管理办法。提前谋划，把握好意识形态属性和产业属性、社会效益和经济效益的关系，始终坚持社会主义先进文化前进方向，始终把社会效益放在首位，以求找准经营收入下滑的内因。

二、增加"一手"新闻的覆盖率，加大行政信息公开力度

强化现场报道的重要性，通过前方采访记者的观察和访问得到具有实证性的、生动性的和可读性的信息，增强广播电视新闻的现场感与感染力。在网站相应位置设置各分支机构、栏目及节目的介绍，让受众较为方便地查找云南广播电视台的年度经营效益、广告收入、人事变动、机构调整等信息，确保可公开信息公开化、透明化。

三、深入弱势群体之中，建立社会性热点长效机制

加强新闻工作者的新闻职业道德建设，建立和完善对弱势群体报道的监督机制，切实反映"弱势群体"的切身问题和利益为主线，为构建社会主义和谐社会提供有力的支持。从长远来看，广播电视媒体应该通过议程设置功能，制造并有效聚合民意，提升民众对弱势群体的关怀，推动社会文明和法治的进步。

总之，作为省级官方媒体的省级广播电视台，面临着行业间的竞争加剧和新媒体的异军突起，云南广播电视与其他省级广播电视台一样遭受到产品质量、广告收入、队伍建设、受众流失的严峻挑战。但是，在"互联网+"的时代，传播的速度和广度不断被突破，时间和空间的界限不断被打破，传统媒体不断与新媒体融合发展，这为广电发展带来新机遇。现阶段，云南广播电视台要以"一带一路"的战略思想，发挥云南自身邻近东南亚的地理优势，不断提高社会责任履职能力和水平，发挥媒体的公共外交特色，让"云南故事"在国际舞台上大放异彩。

互联网、新媒体篇

第十三章 人民网社会责任报告

申玲玲[①]

本报告主要采用文献分析法,结合传媒业发展环境与人民网的实际发展状况,从舆论引导与社会监督责任、市场责任、社会责任、责任管理四个维度,细致梳理了人民网2017年社会责任的履行情况,并总结人民网在执行社会责任过程中存在的问题,给出了四个方面的具体建议。

第一节 人民网基本情况

人民网,1997年1月1日正式上线,是《人民日报》建设的以新闻为主的网上信息交互平台。2012年4月27日,在上海证券交易所上市(股票代码:603000),是第一家在国内A股上市的新闻网站,由人民日报社控股,旗下有环球网、海外网、人民在线、人民视讯、人民创投等多家控股网站(公司)。根据证监会上市公司行业分类结果,该公司属于信息传输、软件和信息技术服务业(I)门类中的互联网和相关服务大类。

人民网连续多年获得"中国互联网企业100强""中国500最具价值品牌""2017世界媒体500强"等多项荣誉称号,多年位列中国新闻网站传播力排行榜第一名。

人民网创办有PC端网站和移动端网站,拥有中文社交媒体账号135个,海外各语种社交媒体账号33个,拥有人民体育、人民健康、人民信金融、人

---

① 申玲玲,西北政法大学副教授,博士后;研究方向:新媒体。

民视频、人民好医生、地方领导留言板等多个客户端，日常传播覆盖2亿多人次。主办"中国人大新闻网""中国政协新闻网""科普中国"等多个专业性网站、负责党的主题教育活动官方网站和12个中央部委网站，连续承办党的十七大、十八大、十九大新闻中心官方网站及十九大新闻中心微信公众号、"一带一路"国际合作高峰论坛官方网站。

人民网法人微博拥有5 000多万粉丝，法人微信粉丝数近600万，负责运营的人民日报海外社交媒体平台粉丝量超过5 000万，成为人民日报对外传播影响力最大的平台。人民网拥有7种少数民族语言及9种外文版本，在全国31个省市自治区设立地方频道，在美、英、法、日、韩、俄、澳等10个国家和地区设立11个分公司或办事处。

本报告中的相关信息主要来自于企业主动公开的社会责任报告、官方网站（含微博、微信公号）、媒体报道等。若无特别说明，本报告中的数据截至时间为2017年12月31日。

第二节　人民网执行社会责任现状

2017年，人民网积极履行党媒党网社会责任，在内容生产方面，推出了系列具有社会影响力的报道，自上线以来，荣获中国新闻奖20多次，地方领导留言板、E政广场、求真等栏目先后获得"中国新闻名专栏"称号。但在市场责任履行层面，受制于大环境的影响，出现了收入下滑的状况。

一、舆论引导责任

2017年，人民网以"做好网上的人民日报，做最好内容的网站"为目标，在重大主题宣传、重要事件报道中弘扬主旋律；在社会热点事件中积极引导社会舆论，传播正能量。

1. 充分发挥主流媒体核心竞争力

（1）权威解读习近平总书记系列重要讲话

在习近平总书记"2·19""4·19"重要讲话发表一周年等重要时间节点，

"学习路上"栏目及时推出内容权威、角度新颖的系列稿件和策划,深入解读习总书记系列重要讲话精神。

2017年,人民网两会报道以"突出做好总书记活动的报道"为主线,重点推出《习近平4年24次"下团组"年年提哪6件大事》图文版和图解版、动画《"剧透"2017全国"两会"》则通过实景与虚景相结合的方式,模拟实现AR效果,特别突出"总书记去年下团留的作业完成了吗?",网络播放量过千万。

(2)全面深入报道十九大

十九大召开前,人民网推出"砥砺奋进的五年""喜迎十九大触摸获得感""寻找红色密码"等专题,全面呈现辉煌成就;先后与人民日报、国际行政学院、中央党史出版社等合作,陆续推出《给你的家乡投一票》《喜迎十九大 说说心里话》网络调查、"喜迎十九大"网上有奖知识竞赛,吸引了众多网民的关注与参与。

人民网专题突出"全媒体"特色,发挥深度融合的优势,全方位、融媒体报道解读大会。推出大型视频节目《直通十九大》,播放量超过4 800万。开幕会结束后,又制作了访谈、图解、音频、H5等全媒体产品,深入解读十九大报告,使习近平新时代中国特色社会主义思想深入人心。

(3)借助新媒体探索信息表达方式

人民网运用全息电视呈现技术、穿越再现等手法,使用漫画、流行音乐等综艺元素,制作的大型理论视频节目《社会主义"有点潮"》,访问量超过2 000万,这种将深奥严谨的马克思主义理论可视化、形象化的方式,深受年轻网民欢迎。此外,为了增强新闻报道的吸引力和感染力,人民网积极探索,采用新技术,在报道中广泛应用无人机、虚拟现实(VR)、增强现实(AR)、手机直播等创新报道形式。

2. 主动设置议题引导社会舆论

(1)挖掘新闻素材,传递社会正能量

2017年,人民网评论文章《每一名党员都要牢固树立"核心意识"》获中国新闻奖一等奖;网络访谈《"中国扶贫第一村"赤溪村的幸福嬗变》获中国新闻奖二等奖。每一次接地气的评论与报道都有助于弘扬社会正能量,让网民感知社会的发展与变化。

（2）传递权威声音，搭建官民互动桥梁

人民网拥有"强国论坛""地方领导留言板""高端访谈""一带一路全媒体平台"等栏目。目前已有 1 700 多位（次）省部级以上领导和近 3 500 位（次）全国人大代表、政协委员通过人民网与网民进行积极互动。"地方领导留言板"更是搭建了为民服务的平台，先后有 61 位省委书记省长、2 500 多位市县"一把手"通过留言板公开回复网民留言，尽力为网民解决现实中存在的各种问题。山西、安徽等 23 省区市则以"红头文件"形式，建立起回复办理《地方领导留言板》留言的固定工作机制，获得网民高度认可。

（3）关注社会发展，履行媒体监督责任

人民网作为党和国家治国理政的重要资源和手段与"网上的人民日报"，关注公共事件，在网络舆论生态中发挥着"领航者""排头兵"和"中流砥柱、定海神针"的作用。除了日常报道，人民舆情频道（舆情数据中心）还积极利用专业人才优势，专注于为党政机关、企事业单位提供舆情服务，助力政府社会治理和和企业声誉管理。

3. 策划精彩活动吸引网民参与

人民网推出"中国精神·中国梦——美丽乡村行写生作品展"等主题展览，策划《"一带一路"行走的艺术》大型专题；国庆节期间，策划推出"祝福祖国 同唱一首歌"活动，邀请全国人民及海外侨胞、留学生录制《歌唱祖国》，短视频总播放量近 6 000 万；建军 90 周年之际，原创街采小视频《军人，我想对你说》，总浏览量近 140 万；五一劳动节期间，组织"为劳动者照张像"摄影征文活动；在元宵、端午、七夕等传统节日推出原创策划，以诗词、绘画为切入点，唤醒网友内心深处的文化记忆。每逢节气，人民网都会梳理节气的来历、风俗及经典名篇，将传统文化与百姓生活紧密结合，并通过微博吸引网友参与互动。人民网法人微博还专门推出"保护方言""全国美食搜索"等挖掘并传扬地方特色文化的原创内容；2017 年 8 月，人民网创办外宣短视频栏目"看见中国"，用短视频讲述中国的发展进步，面向海外用户传播中国文化。

二、市场责任

作为我国首家上市的国家重点新闻网站，人民网严格遵守相关法律法规及监管规定，严格遵守税收法律法规，按时足额缴纳各种税费款项，报告期未发生工商、税务等行政处罚事项。2017年，人民网按照《中华人民共和国公司法》等法律法规及规范性文件以及《公司章程》的规定召开股东大会、董事会及监事会，披露多项公告、制度、"三会"决议等事项。

人民网围绕主业科学布局，在实现国有资产保值增值的同时，积极回报投资者，公司上市5年来累计分配现金红利近5.3亿元。其主营业务包括以下类型：1. 广告及宣传服务；2. 移动增值业务；3. 信息服务；4. 技术服务。其中前三项收入占营业收入的94%。

1. 总资产和营业收入情况

截至2017年末，人民网集团总资产为36.51亿元，归属于上市公司股东的净资产为人民币27.85亿元，营业总收入人民币14.01亿元，比2016年下降2.18%；2017年营业成本为9.14亿元，同比增长11%。基本每股收益0.08元，同比下降20%。

表13-1　2017年人民网主要会计数据[①]

主要会计数据	2017年（末）	2016年（末）	本期比上年同期增减（%）
营业收入	1 400 642 259.77	1 431 792 603.50	-2.18
归属于上市公司股东的扣除非经常性损益的净利润	89 408 428.42	106 002 915.63	-15.65
归属于上市公司股东的净利润	69 990 479.16	10 690 005.71	554.73
归属于上市公司股东的净利润	2 784 882 441.56	2 733 950 515.33	1.86
总资产	3 650 958 109.61	3 699 325 815.55	-1.31
总股本	1 105 691 056.00	1 105 691 056.00	0

2. 主营业务分产品、分地区情况

2017年，中国网络广告市场规模为2 957亿元，同比增长28.8%，但实践中，广告客户的预算多倾向于移动端、社交媒体和网络视频等领域。因此，人民网在商业市场拓展中面临较大压力，公司广告及宣传服务收入5.85亿元，同比下降8.77%；移动增值业务方面，收入3.81亿元，同比下降17.26%；信

[①] 人民网股份有限公司2017年年度报，[2018-08-08]，http://vip.stock.finance.sina.com.cn/corp/view/vCB_AllBulletinDetail.php?stockid=603000&id=4242294.

息服务业务收入 3.55 亿元，同比增长 16.49%。

从地区看，国内营业收入 13.82 亿元，同比下降 2.74%；国外的营业收入 1 700 多万元，同比增长 72.3%。2017 年度人民网发布的社会责任报告未提及股东收益和分红情况。

表 13 – 2　人民网主营业务分产品、分地区情况①

主营业务分产品情况					
分产品	营业收入	营业成本	毛利率（%）	营业收入比上年增减（%）	营业成本比上年增减（%）	毛利率比上年增减（%）
广告及宣传服务	585 470 600.00	367 375 290.50	37.25	-8.77	0.51	-5.80
移动增值服务	380 729 522.07	249 223 965.46	34.54	-17.26	0.55	-11.60
信息服务	354 599 811.11	233 558 681.22	34.13	16.49	22.12	-3.04
主营业务分地区情况					
分地区	营业收入	营业成本	毛利率（%）	营业收入比上年增减（%）	营业成本比上年增减（%）	毛利率比上年增减（%）
国内	1 382 480 829.62	908 466 485.32	34.29	-2.74	11.05	-17.48
国外	17 744 987.96	5 199 603.96	70.70	72.29	2.53	19.59

三、社会责任

人民网一直以弘扬主旋律、传播正能量、传承优秀传统文化为己任，对外大力宣传和践行社会主义核心价值观，传播高雅文化、抵制低俗庸俗媚俗行为，用优秀文化滋养社会，为社会主义现代化建设凝心聚力；对内重视企业文化建设，坚持人才队伍的开发与培养，连续多年获得"互联网行业自律贡献奖"。

---

① 人民网股份有限公司 2017 年年度报告，[2018 – 08 – 08]，http://vip.stock.finance.sina.com.cn/corp/view/vCB_AllBulletinDetail.php?stockid=603000&id=4242294.

1. 传播公益慈善理念

2018年1月17日，人民网、北京时间、中国铁路济南局集团有限公司主办了"幸福回家路"大型公益活动，通过捐赠车票，帮助为北京城市建设做出贡献的普通劳动者代表顺利返乡过年；人民网与中国田径协会联合主办"人民体育健康中国"马拉松系列赛，历时9个月，报名人数超过10万人次，覆盖5 000多万人；人民网"人民好医生"客户端则依托全国知名医疗健康专家资源，实现"大专家讲科普""名医直播互动"两大互动功能，实现了"百名名医、百场直播"，累计覆盖超过3亿人次；2017年8月，人民网和国家卫计委合作推出"会战2020·人民健康公益行动计划"。

2. 践行社会公益活动

2017年是人民网奖学金设立10周年，先后有400多名同学获奖，总额超过370万元；人民网通过"地方领导留言板"，5年为老百姓解决72万件实事儿；2017年，"地方领导留言板"中，网民发帖130万条，各地省、市、县"一把手"累计回应网民留言突破85万项；上线"中俄中小企业电子百科全书"为企业提供帮助，举办大学校长论坛为高校谋求发展；设立的"品牌扶贫"频道，采用媒体+电商运营模式，提供"品牌咨询""渠道分销"和"在线学习"三大服务体系，帮助贫困地区群众更好地利用互联网脱贫致富。

3. 激发公民参与热情

2017年春节期间，人民网法人微博主持"温暖中国"话题，号召网友"说出你看到的正能量"，实现了11亿的阅读量，成为新浪微博年度十大最具公益影响力话题。主持的"随手转发、宝贝回家""人民帮帮忙"等多个公益性话题，也分别收获了3.7亿和7 000多万的阅读量，引起了较大的社会反响。

4. 履行人文关怀责任

人民网在日常报道中以人为本、关注社会弱势群体和民生议题，切实履行媒体的人文关怀责任；在宣传报道中注重发掘并传递社会正能量，宣扬社会主流价值观，以典型人物和事件打动人、影响人。

四川九寨沟地震发生后，策划的H5作品《有情九寨沟 震不垮的是人心》、图文报道《震中七勇士》阅读量均超过2 000万；法人微博创建主持的话题"关注九寨沟地震"，阅读数超2亿；人民网联合国家卫生计生委共同举办的"尊医重卫——我们一起行动"暨"寻找身边感人的医患故事"主题宣传活动,增进了医患与医媒之间的了解,有助于营造尊医重卫的良好社会氛围。

四、责任管理

2012年起,依据上海证券交易所《〈公司履行社会责任的报告〉编制指引》,人民网每年都会定期发布企业社会责任报告。2017年,人民网的社会责任报告中关于履责情况的内容涵盖8个方面:正确引导责任、提供服务责任、人文关怀责任、繁荣发展文化责任、安全发布责任、遵守职业规范责任、合法经营责任、保障员工权益责任。未专门涉及公司在促进社会、环境及生态、经济可持续发展方面的工作。

作为国家级重点新闻网站,人民网除了做好重大、常规新闻报道之外,可以充分利用自己的资源和平台优势,关注环境及生态可持续发展问题。充分发挥公司在网络各平台的资源优势,讲好中国故事,调动网民对于环保问题的关注意识和参与行为。

除了做好重大新闻报道外,人民网还通过日常的制度化管理,提高新闻报道质量,规范员工专业行为,履行安全发布责任。

2017年,人民网制定并发布《采编人员外出采访管理办法》《关于新闻转载和稿源使用的几点注意事项》等相关规范和要求,并持续开展马克思主义新闻观等培训课程。严格执行采编和经营两分开,坚决抵制有偿新闻、有偿不闻等不正之风;贯彻落实《网络安全法》相关规定,就新闻报道安全、网络技术安全等提出具体要求;人民网制定、修订《人民网广告发布管理办法》《人民网广告发布流程与规范》《人民网广告内容审查细则》等广告刊播制度;坚持五级审稿制度,不同类别稿件明确审核级别;开展马克思主义新闻观培训、"两会"报道专题培训、采编人员集中培训等课程,提升报道和把关能力,确保内容安全。上述举措保障了人民网安全发布责任的履行。

第三节 执行社会责任存在的问题

根据人民网公布的《2017社会责任报告》中披露的有关责任管理的信息,

该企业注重在自身定位的基础上，发挥自身优势，充分利用既有资源，在策划重大报道层面，取得了较好的社会效果，但是对于内容生产之外的信息披露不够详尽。偏重于社会责任，对于市场责任还有待加强。

人民网认真履行媒体职责使命，尤其是在重大主题宣传和舆论引导方面，体现了党媒、党网的责任与担当。但在以下方面还存在进一步提升的空间。

一、盈利模式较为单一

2017年，人民网在新技术应用领域持续投入，报道手段更为丰富，积极探索主营业务中技术服务的盈利模式，推进多元化的盈利模式。但在14.01亿元的总收入中，广告及宣传服务收入5.85亿元，占比44%，比重较高。今后，应该积极与外部机构合作，在整合自身资源的基础上，探索诸如版权合作、信息服务、技术服务等方面的盈利模式。

人民网存在受众结构集中度较高、覆盖面不够广泛等特点，如何在激烈的移动互联网竞争领域中立足自身特色，脱颖而出，寻找新的业务扩张点，也是公司急需考虑的问题。

二、持续发挥舆论引导功能

2017年，从"三评王者荣耀""三评算法推荐""三评直播答题"，每次"人民网三评"出炉，都引发社会理性讨论，但相比于自身的媒介地位、党和人民的期待和要求，其舆论引导力有待进一步提高，尤其是在及时回应社会关切方面仍有提升空间。人民网的多渠道传播格局已经形成，但适应融合发展的体制机制没有完全建立，今后应该充分利用和发挥多终端传播的个性化优势，更好地进行舆论引导。

三、重视社会公益事业

人民网在实践中，发挥自身优势，坚持正确导向，回应民生关切，传递社会正能量等方面成果显著，若全面考虑一家上市公司的社会责任，该公司在社会责任的履行层面还有较大的发展空间。

一是缺乏整体的规划，对于社会责任，尤其是社会公益方面，除了常规的报道和活动策划之外，没有系统的安排与推进；二是既有的个别与公益相关的频道（栏目）传播效果和经济效益并不突出，参与度较低，没有实现当初的预期；三是对于自身资源的整合力度不足，地方频道、合作伙伴等的资源并没有统合以实现更好的社会效益，制约了该公司在社会公益方面的发展。

第四节 媒体社会责任执行力提升路径

人民网有着自己独特的媒介地位和市场地位，在未来，实现社会效益、经济效益、公益价值三者的有机结合，是决策者不能忽视的目标，笔者认为，可以从如下几个方面着手。

一、坚持正确导向，强化党媒属性

人民网不同于一般的商业网站和媒体网站，因此更应该注重报道的品质和角色担当。以好的报道彰显情怀、传递正能量，阐释"中国梦"，讲好中国故事，塑造品牌与形象。

以"高举旗帜、引领导向，围绕中心、服务大局，团结人民、鼓舞士气，成风化人、凝心聚力，澄清谬误、明辨是非，联接中外、沟通世界"的职责使命作为引领人民网事业发展的"航标"和"指南"，实现优质新闻内容的立体化多元化传播，壮大主流舆论，传递主流价值。

二、进一步探索多元化的盈利模式

在中国网民突破8亿大关，使用时长不断激增，手机网民数量占比98%的背景之下，移动媒体快速发展、不断创新、全面融入网民的生活之中，人民网应加速媒体融合发展，强化技术驱动和产品创意，从内部改革，提升员工的新媒体技能，调整激励机制，发挥内容生产的优势，探索报道形式的多元化，增强新闻报道覆盖面、影响力。强化产品思维和创新意识，在增强用户黏性的基础上，优化资源配置，探索多元化的盈利模式，为公司长远发展奠定基础。

三、实现优质内容的精准传播

移动互联网时代，大数据基础上的精准传播成为可能，信息的传播需要更加重视用户需求，分析与挖掘细分群体的个性化需求，增进服务意识，提供高品质有价值的服务。在熟悉并优化资源配置的前提下，实现传播效果的最大化、价值开发的精细化。策划能激发用户参与和兴趣的活动，提高内容的吸引力，为用户赋能，了解用户痛点，切实为用户解决实际问题。尽可能规避既有同类产品存在的问题，提供高质量的信息服务，探索点击量向营收模式转化的多种可能性。

四、发挥主流媒体的权威声音

人民网在新闻传播事业格局中，有着自己的特殊地位，应该在网络舆论生态中发挥"领航者""排头兵"和"中流砥柱"的作用，坚持精品内容意识，具备更高的专业水准和责任意识，在众多网络媒体中，积极承担引领者的角色。激发内部活力，科学管理，不断提升舆论阵地管理水平。对内，提高工作人员的自律意识和专业水准，完善导向管理、信息发布等机制，自觉维护互联网新闻信息安全；对外，准确报道、权威解释、及时发声、凝心聚力，用自己的专业赢得用户认可，搭建官民沟通的桥梁与平台，发挥主流媒体价值、弘扬主旋律，推动社会发展。

五、搭建精准扶贫的网络平台

人民网虽然建有"人民扶贫"频道，该频道以全媒体扶贫信息平台为定位，但从栏目规划和内容安排而言，偏资讯发布、政策解读、原创报道比例较低、扶贫活动较少、成效不明显。笔者认为，人民网可以充分发挥自身权威平台优势，深入基层、整合区域资源和网民需求、优化栏目内容，搭建一个卓有成效的扶贫网络平台，实现贫困地区资源的流通，通过与网民需求、商业公司需求的对接，最大化地发挥平台优势，推动贫困地区经济发展，进而更好实现自身社会责任的履行。

第十四章 百度社会责任报告

郭沛源[①]

内容提要： 百度是一家以"让人们最平等便捷地获取信息，找到所求"为使命的高科技公司。本报告主要通过查阅百度官网披露信息及外部对百度的评价信息进行分析，了解百度业务经营状况以及百度社会责任履行情况，探讨百度履行社会责任的路径和方法。百度正通过持续的商业模式和产品、技术创新，推动金融、医疗、教育、汽车、生活服务等实体经济的各行业与互联网深度融合发展，为推动经济创新发展、转变经济发展方式发挥了积极作用。但是，2016年爆发的"魏则西事件"暴露了百度在竞价排名业务模式、企业文化和社会责任方面的弊病。这些问题不仅在舆论上令百度陷入四面楚歌的境地，也影响到百度的经营收入。即使百度推出 AI 寻人等技术创新手段履行社会责任，但若不能正视并纠正商业模式中的社会责任问题，百度社会责任整体评价不会有明显改观。

关键词： 百度 社会责任 报告

第一节 百度基本情况

百度是全球最大的中文搜索引擎、最大的中文网站。1999 年底，身在美国硅谷的李彦宏看到了中国互联网及中文搜索引擎服务的巨大发展潜力，辞掉硅谷的高薪工作，携搜索引擎专利技术，于 2000 年 1 月 1 日在中关村创建了百度公司。"百度"二字，来自南宋词人辛弃疾的一句词：众里寻他千百度。

百度拥有数万名研发工程师，这支队伍掌握着先进的搜索引擎技术，使百

[①] 郭沛源，清华大学博士，商道纵横总经理，研究方向：企业社会责任、可持续发展。

度成为中国掌握世界尖端科学核心技术的中国高科技企业，也使中国成为美国、俄罗斯和韩国之外，全球仅有的4个拥有搜索引擎核心技术的国家之一。

创立之初，百度便将"让人们最平等便捷地获取信息，找到所求"作为自己的使命，成立以来，公司秉承"用户至上"的理念，不断坚持技术创新，致力于为用户提供"简单可依赖"的互联网搜索产品及服务，其中包括：以网络搜索为主的功能性搜索，以贴吧为主的社区搜索，针对各区域、行业所需的垂直搜索，以及门户频道、IM等，全面覆盖了中文网络世界所有的搜索需求。根据第三方权威数据，在中国，百度PC端和移动端市场份额总量达73.5%，覆盖了中国97.5%的网民，拥有6亿用户，日均响应搜索60亿次。①

百度提供基于搜索的营销推广服务。推广服务采用竞价排名机制，企业在购买该项服务后，通过注册提交一定数量的关键词，其推广信息就会率先出现在网民相应的搜索结果中，百度则按照实际点击量收费。目前，中国有数十万家企业使用了百度的搜索推广服务。竞价排名推广借助百度超大流量为大量中小企业提供了商业机会，但也为不法企业提供了便利。很多缺乏辨别能力的消费者通过百度网站查询关键词，被引导到不法企业的网站，上当受骗甚至失去生命。

表14-1 百度基本概况一览表

序号	七家分支机构	四大实验室	六大研发中心
1	百度巴西分公司	深度学习实验室	百度新加坡研发中心
2	百度印尼分公司	大数据实验室	百度美国硅谷研发中心
3	百度日本分公司	硅谷人工智能实验室	百度日本东京研发中心
4	百度泰国分公司	增强现实实验室	百度深圳研发中心
5	百度埃及分公司		百度上海研发中心
6	百度印度分公司		百度北京研发中心
7	百度美国分公司		

（资料来源：根据百度网站信息整理）

---

① 百度公司责任创新与沟通专题页面，http://csr.baidu.com/about.html.

第二节　百度社会责任现状

百度是以搜索引擎为核心的科技公司，而非传统媒体公司。因此，就重点而言，百度的社会责任更多应体现在市场责任、社会责任方面，即企业能否提供负责任的产品和服务，并运用科技公司的核心优势帮助解决社会问题。但百度作为一个信息平台，旗下一些产品如百度百家号、百度贴吧、百度知道等，也具有一定的媒体属性，在这方面，百度也应承担舆论引导与社会监督责任。

一、舆论引导与社会监督责任

十余年来，百度不仅致力于索引内容，更为用户建设了更完善的内容平台以促进优质信息的共享。为此，百度深耕由网民共同参与和创造的知识内容平台，比较典型的平台如下。[①]

第一，百度百家号。2016年9月，百度百家号全面开放。百家号打通百度内容生态，实现了从内容生产、内容分发到内容变现全流程的高效联动。内容创业者只需专注于自己的专业，百度负责将这些内容精准推送到需要的人面前。百家号一经推出就得到内容创业者的追捧。推出的50天内，入驻账户达5.6万个，单个账户最高收入超7万元，单篇文章最高收益近2.5万元。

第二，百度贴吧。百度贴吧让有共同兴趣的人找到彼此，聚集到一起，超越时空限制，相互交流和帮助。在贴吧，哪怕是最小众的兴趣，都能找到志同道合的朋友。贴吧设立有运营管理团队以服务用户。同时，通过吧主联盟官方吧主大会、专类吧主大会等线下活动，提供吧主之间相互交流管理经验的平台，帮助贴吧更好地成长。

第三，百度百科。百度百科是全球最大的在线中文百科全书，强调参与和分享精神，汇聚上亿用户智慧，帮助更多人更好地了解世界。通过前沿技术创新，百度百科让知识的展现形式更为丰富有趣，传播效率大大提升。

[①] 本报告部分内容引自《百度企业社会责任报告（2014—2016）》，http：//csr.baidu.com/download/report/list.html。

第四，百度知道。百度知道是中文互联网领域最大、最活跃的互动问答平台，百度知道与搜索引擎结合，让知识被便捷地检索和分享。

上述平台产品都具有一定的媒体属性，虽然内容并非百度原创，但百度提供了平台或分发服务，因此也有义务进行舆论引导与监督。

在这方面，百度已采取了一些平台管理的行动。以百度贴吧为例，百度出台了规范吧主运营管理行为的《发言操作守则》，要求所有吧主严格遵守贴吧协议，以及国家互联网信息办公室提出的7条底线：法律法规底线、社会主义制度底线、国家利益底线、公民合法权益底线、社会公共秩序底线、道德风尚底线、信息真实性底线。

在实践中，百度并未能完全严格按照上述要求执行。2016年1月9日，百度"血友病吧"事件引发广泛关注，有网友发布求助声明，称自己系百度贴吧血友病吧原第二大吧主，但百度却单方面撤除其职务，空降官方吧主并撤换吧务组成员，将医疗贴吧商业化运作。① 此事立即引起广泛关注，百度被批为了经济利益置病友利益于不顾。在各方压力之下，当年7月7日，百度内部宣布贴吧停止代运营合作。

二、市场责任

根据百度公司的财报，2017年第四季度，百度营收为236亿元，同比增长29%，其中移动营收占比76%；2017年度总营收为848亿元，同比增长20%。百度的主要收入来自线上广告，这部分的收入占公司全部收入高达80%以上。②

表14-2　百度分季度营业收入及净利润增幅情况

单位：亿元

未经审计财务报告	财务项目名称	资金数额 2017年	资金数额 2018年	增幅
第三季度	营业收入	235	282.0	27.00%
第三季度	净利润	79	124.0	56.00%

---

① 刘夏，百度贴吧叫停商业代运营分析称商业化尝试失败，新京报，2016年7月27日。
② 百度（NASDAQ：BIDU）2017年第四季度及全年未经审计的财务报告，2018年2月14日。

续表

未经审计财务报告	财务项目名称	资金数额 2017年	资金数额 2018年	增幅
第二季度	营业收入	208.74	260.0	32.00%
第二季度	净利润	44.15	64.0	45.00%
第一季度	营业收入	169	209.0	31.00%
第一季度	净利润	20	67.0	277.0%

（资料来源：根据百度财报信息整理）

表14-3 百度近年来第三季度线上广告收入

	2014Q3	2015Q3	2016Q3	2017Q3	2018Q3
线上广告（亿元）	134.2	176.8	164.9	201	225
同比增速	51.8%	31.7%	-6.7%	22%	18%
客户数（万）	51.6	62.3	52.4	48.6	52.2

（资料来源：科技说，百度距离全面掉队BAT还有多远？http://www.sohu.com/a/273817201_115888）

线上广告的模式主要是竞价排名，这一商业模式虽然为百度贡献了可观的利润，但也造成了比较严重的社会责任问题。医疗机构、家电维修等诸多行业的不法商家通过购买关键词的方式在搜索结果中排到前面，诱骗消费者、侵害消费者利益。据报道，莆田市委书记曾公开表示，百度2013年的广告总量是260亿元，莆田的民营医院在百度上就做了120亿元的广告，他们广告投入的60%都给了搜索引擎。有医院在搜索引擎上的推广费用就占到营业额的70%—80%，甚至有医院一年收入1.2亿元，其中1亿元就投给了搜索引擎。[①]

这一极富争议的商业模式在2016年的魏则西事件后被舆论推到风口浪尖。当时，青年魏则西身患滑膜肉瘤去世，患病期间曾根据百度搜索排名第一条的医院接受治疗，花光积蓄之后发现并无疗效，而后又进一步发现该疗法在美国已经被淘汰。公众和舆论压倒性认为百度应该对此负责任。国家网信办调查认为，百度在魏则西的就医过程被误导及至死亡的过程中，有不可推卸的责任，并提出了整改要求，包括立即全面清理整顿医疗类等事关人民群众生命健康安

---

① 肖可，百度医疗广告卷土重来？百度称医疗广告审核最严，界面，2018年5月23日；侠客岛，魏则西之死背后的医疗市场化：曾可200元买行医执照，2016年5月2日。

全的商业推广服务，及改变竞价排名机制，不能仅以给钱多少作为排位标准。

三、社会责任

1. 责任创新计划——用技术解决社会问题

百度利用自身技术和流量入口优势，从多角度弥合信息鸿沟，让科技惠及更多人。百度直接、积极支持公益事业，投身教育、儿童安全、疾病救助等领域，携手公益伙伴，促进线上线下社区的协调发展。以下是较有特色的几个创新项目。

AI 寻人：技术温暖回家路。利用百度人脸识别等人工智能技术和大数据，将走失者照片与民政部等部门及寻亲组织的数据库对比，能快捷地帮助走失人员回归家庭，且进一步提升人员走失案件的侦破效率与破案率。

智能分拣机：果农的好帮手。利用百度 Paddle 开源平台上的深度学习模型制造果蔬智能分拣机。通过机器学习和模型训练，使机器具备从形状、大小、色泽、光洁度等多维度对水果实行综合判断能力，通过自动化的方式快速准确地完成水果分级。

极·致未来："责任创新计划"助力创想家。"极·致未来"责任创新挑战赛由联合国开发计划署驻华代表处和百度联合举办，充分利用尖端技术和联合国在发展领域的专业经验，旨在鼓励全国各地的人们提出创新想法，并为先进科技与社会群体的创新能力相结合提供独特的平台。

百度回收站：变废为宝，城市矿产。该项目是百度与联合国战略合作推出的电子垃圾回收方案，项目基于手机百度庞大的用户群，连接用户与 TCL、奥博等正规拆解企业，利用百度大数据技术，对行业数据进行分析处理，打造绿色回收产业链，减少非正规渠道造成的危害。

唤醒城市的记忆：百度 AR 复现北京九大城门。为了用科技重建人与城市的关系，百度选择北京在历史上的地理界限——九大城门，作为复原城市记忆的原点。利用 AR 技术三维动态还原其声貌，并在穿越九大城门原址的地铁 2 号线开启百度 AR 专列，搭建起人与城市的情感桥梁。

DuLight 小明：盲人的科技之眼。依托"百度大脑"的图像识别、人脸识别、语言识别以及深度学习等相关核心技术，打造盲人的日常生活私人助理。结合百度大数据分析能力和自然人机交互技术，帮助盲人"洞见"真实世界，实现平等的各行各业的服务便利。

2. 对员工的责任

由公司初创开始，百度就奉行"招最好的人，给最大的空间，看最后的结果，让优秀人才脱颖而出"的人才理念，"相信人、依靠人"是百度持续创新的动力和源泉。

百度遵循公平、客观、开放的原则，制定了一套完善的人力资源体系，确保每个人都有公平发展的权利，不使员工因年龄、种族、性别、婚姻状况、宗教信仰、民族血统或身体残疾等因素而受到歧视，毫无保留地尊重和保护所有人的人权。杜绝任何在用工与市场行为方面的歧视，禁用童工，彻底消除各种形式的强制劳动；保障员工的健康和安全，提供全方位的员工关怀；实行同工同酬，为所有员工提供均等的职业发展机会、国家和政府规定的各项社会保险和福利待遇。

百度打造了完整系统的学习生态，为不同层级、不同专业领域的员工提供丰富的课程、定制化的培训服务。仅在2016年，百度就举办员工培训1 000多场，共2万多学时，覆盖1.7万名员工，人均培训时长2.5天。

百度认为，对员工最大的鼓励，就是给予他们创新的条件，并且对于创新成果给予足够的回报。为此，百度设立了百度最高奖，主要面向公司总监级别以下做出卓越贡献的基层员工，奖励10人以下的小团队，以鼓励基层员工"小团队做出大事业"。

3. 用技术确保绿色运营

百度在数据中心领域拥有400多项国际、国内技术创新专利，是中国数据中心绿色开创者和引领者。百度数据中心荣获工信部和TGG（The Green Grid）联合颁发的国内首个"数据中心绿色评级"设计与运营双5A；获得WWF & IDG颁发的数据中心创新设计大奖；AHU及北极整机柜技术首批入选工信部绿色先进技术示范目录。

四、责任管理

1. 责任理念

成立伊始，百度就坚持以"让人们最平等便捷地获取信息，找到所求"为使命，坚持履行企业公民的社会责任。

百度一直致力于成为用户信赖的伙伴、客户得力的助手、伙伴强大的后盾、员工实现自我价值的大家庭，引领互联网行业负责任、可持续地发展。

2. 合规机制

百度建立了独立部门职业道德建设部，针对违反职业道德、法律法规、公司规定的事件进行取证调查和跟进，并根据相关惩处制度进行处罚，定期向公司管理层汇报。公司建立并对外公布了各种渠道的舞弊投诉和举报方法，包括专线和信箱等，力求减少并杜绝员工违规事件的发生，促进百度的职业道德建设。

百度要求在利益相关方中积极推行诚信和公平交易，要求每一家合作的商业伙伴签署《诚信和公平交易协议书》，规定商业伙伴在与百度开展业务的过程中签订合同、履行合同，以及保持业务合作关系期间，必须要遵循协议保证书中规定的原则和要求，确保商业交往符合法律规定和最高商业道德准则，杜绝任何形式的腐败事件。

3. 沟通机制

百度成立了企业社会责任指导委员会，统领社会责任工作。委员会由董事长兼CEO李彦宏亲自担任主席，下设企业社会责任部门以及由各部门负责人组成的内部协调小组，负责与企业内外部利益相关方沟通协调工作。

2016年，百度建立责任创新与沟通机制，进一步完善贯通内外部的社会责任保障机制。委员会旨在推动企业内部社会责任意识和能力的提升，支持社会责任与企业战略、文化和业务的整合，催化履责行为和模式的创新，形成跨体系、跨部门、跨业务的责任创新与沟通机制。百度通过责任创新与沟通网站（csr.baidu.com），以期加强外部沟通的有效性与时效性。

第三节 百度社会责任存在的问题

一、竞价排名问题仍在

百度的竞价排名商业模式饱受争议，但因为这是百度的主要收入来源，因此改起来是要伤筋动骨的。这个问题一直没有得到根治。

2018年5月23日,《北京青年报》报道,在魏则西事件两年后,百度医疗搜索再次被关注,报道称百度存在搜索公立医院出现民营医院、搜索疾病名称出现多个广告、搜索到的医院存在术中加价等不规范问题……百度方面回应了上述问题,称百度严格进行医疗广告的资质审查,坚决不允许医院以"三甲医院"的名义及名称投放广告,且百度已对1 000家知名三甲医院进行广告屏蔽保护。①

时隔不久,2018年9月8日,央视网披露,不少在上海求医的患者反映,自己通过百度搜索"上海复旦大学附属医院",去了在搜索结果中排名前列的"复大医院"进行就诊,花了大价钱看病后,病却没见好,再去三甲医院复诊后,得到的诊断结果与"复大医院"大相径庭。②南都记者查询发现,上海复大医院被明确指出为莆田系医院。

二、负面信息披露缺失

浏览整个百度网站,2016年年初的百度贴吧事件和之后不久的魏则西事件信息披露等方面的责任实践和成效等重大事项缺少信息披露。在信息披露及时性方面,信息更新速度极其滞后。

历年来的《百度企业社会责任报告》也普遍存在报喜不报忧的情况,即使对公众质疑较大的事项,回应缺失或不够充分。

三、被列入电信业务经营不良名单

2018年11月13日,北京市通信管理局清理规范互联网网络接入服务市场,在专项行动中,共约谈处理企业37家,依据《电信业务经营许可管理办法》对百度公司实行了行政处罚,予以警告并处以2万元罚款,同时将百度公司列入了电信业务经营不良名单。

百度究竟是犯了什么事?百度公司称,"前不久百度机房搭建网络传输通

---

① 刘慎良,高仿医院卷土重来 百度:对千家三甲医院广告屏蔽保护,北京青年报,2018年5月23日。
② 央视网,百度医疗竞价排名卷土重来?患者搜索医院遭遇"冒牌货",2018年9月8日。

道，被北京通管局审查后，我们认识到这是违规行为，我们诚恳接受通管局的批评和处罚，并正在按要求积极配合整改"①。

第四节 百度社会责任执行力的提升路径和方法

一、重塑企业价值观

百度企业社会责任面临严峻挑战，看似商业模式问题，实则更是企业文化价值观层面的问题。像百度一样的搜索引擎、科技公司，国内外都有做得不错的，将技术应用到解决社会问题上。百度在 AI 寻人等创新应用上也可圈可点，但可惜未将这样的理念引入到最核心的业务模式之中，原因或是因为担心短期业绩下滑。

百度的使命是"让人们最平等便捷地获取信息，找到所求"。竞价排名的业务模式如果走偏了，就会有违这一使命。毕竟，上百度搜索信息的求医问药者，所求必然不是假医假药；如果百度搜索给出的都是有害信息，用户就会不再信任百度。所以，对搜索引擎公司来说，广告可以做，但必须作出清晰的提示；排名可以对广告有所考虑，但不能仅仅是价高者得，将"李鬼"变为"李逵"。

从《百度企业社会责任报告》中可以看到，百度已初步建立起一套相对完整的责任管理机制。为何这些机制没有能够制止魏则西这类事件的发生呢？这是值得百度管理层深思的问题。如果百度不能从价值观层面进行深刻反思，恐怕问题还是无法根除。

二、严格审核广告推广

2016 年魏则西事件后，国家网信办会同国家工商总局、国家卫生计生委成立的联合调查组向社会公布了调查结果，提出要求百度做出严格审核商业推广

---

① 马婧，百度回应通信管理局处罚：正配合整改，新京报，2018 年 11 月 13 日。

服务、明示推广内容和风险、排名机制调整等多项整改要求。具体落实要求包括：

全面审查医疗类商业推广服务，对未获得主管部门批准资质的医疗机构坚决不予提供商业推广，同时对内容违规的医疗类推广信息（含药品、医疗器械等）及时进行下线处理；同时落实军队有关规定，立即停止包括各类解放军和武警部队医院在内的所有以解放军和武警部队名义进行的商业推广。

对于商业推广结果，改变过去以价格为主的排序机制，改为以信誉度为主，价格为辅的排序机制。

对所有搜索结果中的商业推广信息进行醒目标识，进行有效的风险提示。

加强搜索结果中的医疗内容生态建设，建立针对医疗内容的评级制度，并联合卫计委、中国医学科学院等机构共同提升医疗信息的质量，让网民获得准确权威的医疗信息和服务。

继续提升网民权益保障机制的建设，增设 10 亿元保障基金，对网民因使用商业推广信息遭遇假冒、欺诈而受到的损失经核定后进行先行赔付。

虽然在上述要求后的数月内，百度对全部医疗类机构资质进行重新审核，对 2 518 家医疗机构、1.26 亿条推广信息做出了下线处理，但从近期媒体曝光的关于医疗纠纷的问题看，百度还十分有必要严格按照上述要求进行对照和整改。

三、构建优质内容生态

百度百家、百度贴吧等都是具备一定媒体属性的平台产品。建议百度能更密切地关注政策方向、更多地倾听用户的声音，发挥好舆论导向作用，构建优质内容生态，抵制各种不良信息。

四、坚持"责任创新计划"

运用核心商业能力帮助解决社会问题是近年来企业社会责任发展的主流方向。百度现有的"责任创新计划"符合这一趋势，并且已经产出了不少有较高社会价值的创新型产品。建议百度能继续坚持这一计划，选定若干个重点方向，打造爆款产品。

五、加强社会责任信息披露

当前,百度企业社会责任信息披露的及时性、平衡性都存在较大的问题,建议在这方面能够予以加强。一方面,及时更新百度CSR专题页面的信息,缩短《百度企业社会责任报告》出版周期,从现在两年一份缩短为一年一份。另一方面,专题页面和CSR报告的内容都要如实披露负面信息,切实回应关键利益相关方的关切。

年度观察

第十五章　今日头条社会责任报告

张　华[①]

内容提要：今日头条基于内容算法优势，在五年的时间内便跻身于新闻资讯客户端第一阵营。依靠算法推荐，2015年上半年，今日头条便已成为仅次于腾讯新闻的第二大客户端。2018年，旗下内涵段子、抖音短视频、火山小视频因导向不正、传播低俗、涉黄信息而相继被监管部门勒令整改，并永久关停"内涵段子"app。本报告对今日头条社会责任履行情况进行分析，找出存在问题，以期对该类以内容算法为依托的平台发展起到借鉴作用。

关键词：今日头条　火山　抖音　内涵段子　内容算法　社会责任

第一节　今日头条概况

今日头条是一款基于数据挖掘的推荐引擎产品，由北京字节跳动科技有限公司开发，创建于2012年3月。经过5年的快速发展现已经跻身新闻资讯客户端第一阵营。今日头条基于内容算法为用户推荐个性化信息，算法模型会记录用户在今日头条上的每一次行为，根据每个用户的社交行为、阅读行为、地理位置、职业、年龄等进行专属的个性化推荐，推荐内容包括新闻、音乐、电影、游戏、购物等资讯。3秒钟就可以完成文章提取、挖掘、消重、分类、分析；5秒钟便可以计算出用户兴趣，通过用户行为分析，不断更新用户模型。

自2012年开始，今日头条通过内部孵化出品了抖音、快拍、火山小视频、西瓜视频、悟空问答、头条号等20款产品，先后收购了图虫网、美国短视频应用Flipagram、音乐短视频平台Musical.ly等产品，投资快看漫画、东方IC、

[①] 张华，曲靖师范学院经济与管理学院讲师，主要研究方向为市场营销、企业战略管理。

餐饮老板内参、极客公园等30余项多领域产品。这些产品一投放市场便取得很好的成绩，内涵段子为今日头条带来了最初的流量，抖音、火山、西瓜视频亦迅速占领市场。

快手、抖音短视频月活在短视频领域居第一梯队

2018Q2主要短视频APP月活跃用户数（万人）

梯队	APP	万人
第一梯队	快手	24 448.6
	抖音短视频	21 882.2
第二梯队	火山小视频	15 966.8
	西瓜视频	15 945.2
第三梯队	美拍	3 219.1
	土豆视频	2 909.0
	好看视频	1 752.7
	秒拍	1 038.2
	小影	424.2
	微视	371.5
	蛙趣视频	163.9
	小咖秀	99.4

2018Q2主要短视频APP日均活跃用户数（万人）

APP	万人
快手	10 532.3
抖音短视频	10 268.9
西瓜视频	8 202.7
火山小视频	7 383.1
美拍	791.3
好看视频	387.1
土豆视频	382.0
秒拍	169.7
微视	57.7
小影	50.6
蛙趣视频	22.6
小咖秀	7.7

2018年第2季度主要短视频APP月活跃用户中，快手、抖音短视频居第一梯队，月活分别为24 448.6万人、21 882.2万人，火山小视频、西瓜视频为第二梯队，分别为15 966.8万人、15 945.2万人。

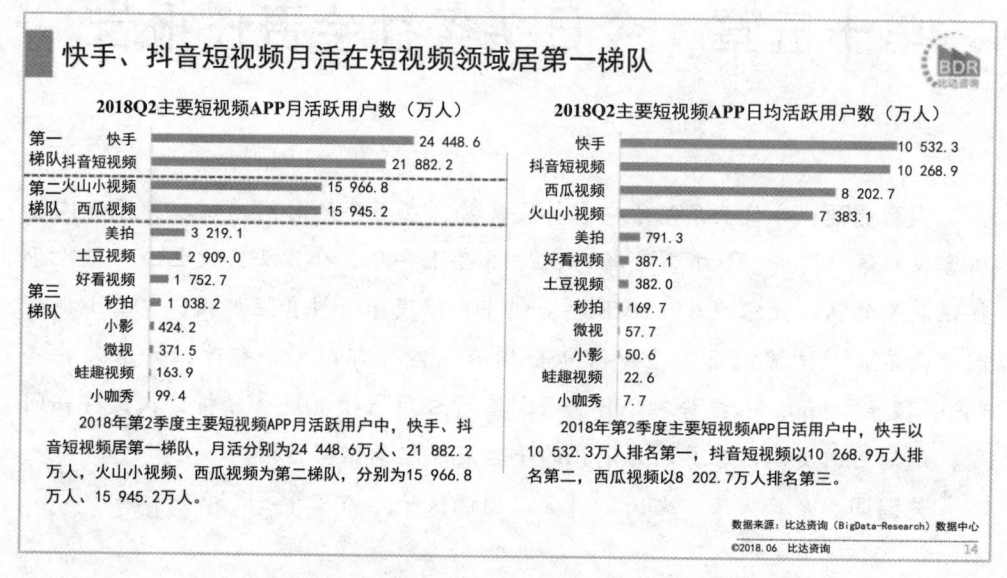

2018年第2季度主要短视频APP日活用户中，快手以10 532.3万人排名第一，抖音短视频以10 268.9万人排名第二，西瓜视频以8 202.7万人排名第三。

数据来源：比达咨询（BigData-Research）数据中心
©2018.06 比达咨询

图15-1 抖音短视频、火山小视频、西瓜视频月活量

（图片来源：比达咨询数据中心）

随着短视频行业进入发展快车道，今日头条抓住时机迅速加入到短视频领域的竞争中，旗下短视频产品较多，抖音、火山小视频、西瓜视频、快拍等很快占据市场，抖音短视频则是今日头条的战略级产品。抖音一直占据短视频月活跃第一梯队，2018年第二季度月活跃人数达到21 882.2万人，火山小视频和西瓜视频亦占据了第二梯队的位置，月活跃人数为15 966.8万人和15 945.2万人。根据2017年度、2018年上半年短视频app排行榜及活跃指数看，抖音短视频渗透率最高，与快手不相上下。2018年第二季度抖音短视频的渗透率为58.7%，西瓜视频和火山小视频亦达到56.4%和45.5%。

表15-1 2018年底2季度短视频平台渗透率排行

排名	app	渗透率
1	抖音短视频	58.7%
2	快手	57.6%
3	西瓜视频	56.4%

续表

排名	app	渗透率
4	火山小视频	45.5%
5	美拍	10.8%
6	土豆视频	7.4%
7	好看视频	6.5%
8	秒拍	4.2%

（数据来源：根据网络公开发布数据整理）

本文主要以今日头条旗下几款被点名的app进行分析。

内涵段子：内涵段子是北京字节跳动科技有限公司投放市场的第一款产品，于2012年开发，是一款搞笑娱乐社区app，包含各类短视频、热辣段子、脑洞神评论、搞笑图片、段子、精华等多主题多体裁的社交软件，以搞笑、娱乐为主题。内涵段子上线三个月后才推出今日头条，并为今日头条直接转化流量。2015年，内涵段子获得"易观之星TOP"APP奖[1]；2017年，内涵段子已经拥有超过2亿高黏度用户。2018年4月，内涵段子因在其客户端软件和相关公众号上推送导向不正、趣味低俗的信息引发舆论事件，被国家广电总局责令永久关停，并要求今日头条自检自查，举一反三，全面清理类似视听节目产品。

抖音短视频：抖音短视频属于今日头条的战略级产品，于2016年9月上线，主打年轻人音乐短视频社区。用户可以选择不同风格的歌曲，通过视频拍摄快慢、视频编辑、特效等技术拍摄15秒的短视频，形成自己的短视频作品。抖音平台以年轻用户为主，配乐以电音、舞曲为主。后平台因涉嫌发布售假视频、侮辱英烈等问题被查处。2018年3月，根据监管部门要求，抖音平台一共清理27 231条视频，8 921个音频，89个挑战，永久封禁15 234个账号。

火山小视频：今日头条旗下内部孵化的另一款短视频app，主打原创生活小视频社区。2016年上半年投入市场，2016年9月今日头条投入10亿元资金补贴用于发展火山小视频。2017年6月腾讯应用宝"星app"5月榜单发布，火山小视频app迅速登顶新锐应用。2018年4月5日，火山小视频因发布未成

---

[1] "易观之星"奖项评选由易观智库举办，是中国互联网年度盛大评选活动之一，在业内权威性强，被公认为是对行业创新最高水准的企业和品牌的褒奖。

年妈妈导向不正、低俗视频等被央视点名，火山小视频 app 在安卓手机各大应用商店内下架，4 月 13 日，火山小视频暂时关停同城频道进行整改。8 月，根据《互联网视听节目服务管理规定》被广电总局作出警告和罚款的行政处罚。

今日头条这三款 app 充分运用内容算法的精准推送，在发展中更能契合用户需求，深受年轻人喜爱。但在迅速发展的过程中过于依赖内容算法，忽视了对内容的审查和监管，亦没能承担起企业肩负的这一社会责任，一味追求市场规模和经济效益，导致后期陷于低俗、暴力、涉黄等负面舆论，最终被监管部门要求关闭或整改。

第二节 今日头条社会责任践行情况

一、舆论引导与社会监督

今日头条现作为目前国内最大的资讯平台之一，必须担负起行业领导者责任这一社会责任。其推荐内容对社会舆论、市场秩序的稳定与发展有着举足轻重的影响。

1. 利用技术优势精准辟谣，引导社会舆论

在 2017 中国国际大数据产业博览会上，今日头条推出"精准辟谣"功能，以确保网络新闻的真实性。政府部门、媒体、垂直领域的权威机构形成反谣言的联盟，通过今日头条的平台主动进行辟谣。"精准辟谣"通过机器算法 + 用户反馈的方式，可以迅速、高效识别虚假信息。当平台上出现大量用户举报一篇内容为虚假信息，或是某篇内容的评论区中密集出现"假新闻"等类似关键词时，机器即可自动识别，将该信息提交至审核团队，进行高优先级的复审。甄别虚假信息后，运营团队将立刻停止虚假信息的推送和展示，并对发布虚假信息的来源进行处罚。信息平台还通过虚假信息的阅读记录，将阅读过此信息的用户识别出来，进行定向辟谣，避免了辟谣时可能的次生传播。[①]

[①] "今日头条推出'精准辟谣'功能 高效识别虚假信息". 人民网. http://media.people.com.cn/n1/2017/0529/c40606-29306285.html.

今日头条旗下悟空问答、微头条等形成了系统机制，鼓励促进辟谣内容的生产和传播，更重要的是，依靠用户的浏览、评论和举报等反馈数据，今日头条更加智能化判断谣言，净化网络环境。从 2017 年 2 月至 2018 年 1 月，辟谣频道文章总计阅读数 1.17 亿，其中悟空问答分发辟谣阅读数遥遥领先达到 2 369 万，而西楚网辟谣总分享数达到 26 465 次。

2. 通过信息技术促进行业发展

今日头条是国内"互联网+政务服务"的践行者，众多媒体、国家机构、企业以及自媒体纷纷加入"头条号"，政务头条号现已成为主流的政务信息发布和传播平台。信息在移动互联网上能高效率地获得更多的曝光和关注。3.5万家各级党政机构入驻今日头条开通了政务"头条号"，遍布全国 360 多个地市，开设政务头条号数量过百的城市也已过百。政务信息通过今日头条的分发，取得了良好的传播效果。其中公安部、司法部、最高人民检察院、国家信访局、中国铁路等中央部委机构，以及北京发布、上海发布、浙江发布、广东发布等地方政府和多家乡镇、街道的办事处都已入驻今日头条。

二、市场责任

今日头条凭借算法优势在曾经网络媒体 app 占据领先的被动环境下后发先至，在竞争激烈的资讯市场占据领先位置，与腾讯新闻并驾齐驱。自 2012 年 8 月上线后迅速发展为国内移动互联网领域成长最快的产品之一。

今日头条盈利模式主要有四种：（1）广告投放。广告收入是今日头条最核心的盈利业务，其形式主要有开屏广告、信息流广告和详情页广告三种。（2）付费订阅。具体分为两类，一类是付费下载，另一类是平台应用利润分成。（3）提供渠道获得利润分成通过新闻 app 的订阅页面，媒体和客户端进行合作，在用户下载好 app 之前就将栏目预装在订阅栏里；或者用户在频道下选择订阅栏目时，app 可以以采用出租栏目的方式，将靠前的位置租给合作方，帮其进行导流。这时新闻客户端就像一个分销商，提供摊位，获得一定的利润分成。（4）电子商务和 O2O 业务。今日头条创建了商城业务，在平台上为多个城市设立本地频道，同步推送当地旅游、美食、促销等信息，用户在 app 就可以直接完成查询、预定及购买行为。然后根据交易量及交易金额由商家向平台支付一定的费用。此外，今日头条也在不断拓展游戏和其他增值业务。

公司的估值也在迅速攀升。在去年年末拿到 10 亿美元的 D 轮融资时，估值约为 110 亿美元；今年 8 月的 E 轮融资后，估值已经超过了 220 亿美元。

三、社会责任

1. 公益活动

头条找人。2016 年 2 月，今日头条发起"头条找人"公益寻人活动，利用"互联网+"的精准地域弹窗技术，面向用户对寻人或寻亲信息进行精准的定向地域推送，帮助家属寻找走失人员，帮助被救助管理机构救助的疑似走失人员寻找家人。2016 年 7 月 4 日，"今日头条"与民政部正式签约，全国 2 000 多个救助管理机构可以借助今日头条的精准地域推送技术，向今日头条新闻客户端用户定向推送疑似走失人员的寻亲信息。截至 2018 年 9 月 13 日，头条寻人共弹窗推送 49 581 例寻人启事，找到 7 000 人，包括 2 533 位老人，682 位未成年人。其中成功找到的最年长的走失者 101 岁，最年幼的仅 3 个月大。头条寻人最多一天寻回 29 人，最快 1 分钟找回。[①]

随后，头条寻人又相继推出"两岸寻亲""无名患者紧急寻亲""寻找革命烈士后人"等公益项目，依托大数据分析和人工智能技术，致力于用科技手段帮助各类失散家庭寻亲。"两岸寻亲"是头条寻人于 2017 年 12 月启动的专门帮忙两岸家庭团圆的公益项目，现已经帮助 41 个两岸家庭团圆。这些健在的老兵当中，年纪最大的已经 100 岁，跟家乡亲人失联时间最长的有 80 年；寻亲速度最快的一个案例，头条寻人仅用了 1 个小时，就帮助老兵寻找到了大陆的亲人。"无名患者紧急寻亲"公益项目为意外受伤送往医院抢救却无法提供家人信息也没有完整身份信息的人寻找亲人。在该项目推出 3 个月内，便已有 34 位"无名伤者"通过头条与家人团聚。2018 年 6 月 27 日，今日头条宣布发起"寻找革命烈士后人"项目，依托自身大数据和人工智能技术优势，通过"头条寻人"公益项目，寻访在革命战争年代牺牲的革命烈士后人。帮助革命先烈魂归故里、让红色革命精神代代相传，而今日头条依托自身技术优势，运用新技术、新方式，通过科技手段寻找革命烈士后人，让革命精神薪火相传。

[①] "今日头条公益寻人上线 31 个月成功寻回 7 000 人"．新华网．http：//www.tj.xinhuanet.com/jz/2018-09/19/c_1123451663.htm.

信息公益。今日头条推出以"一分钟，一份爱"为主题的"捐时间"公益项目。用户在今日头条 app 上的阅读时长将自动转化为"公益金"，可随时直接兑换为救助物资，为相关公益项目中的救助对象进行捐赠。它是今日头条继头条寻人之后又一次大力推广的公益项目，每一个人可随时随地参与其中。信息公益模式的最大特点是可以通过用户的信息消费行为，在用户、公益组织、企业和救助对象四者间建立关联关系。用户捐赠的"公益金"可直接转化为救助物资，而物资由项目参与企业认领，最后由公益组织将物资送到救助对象手中，形成良性循环。中国妇女发展基金会、中国扶贫基金会、中华少年儿童慈善救助基金会等国内权威慈善机构都已正式加入"捐时间"项目。其中致力于救助贫困地区罹患眼病儿童的"我想看清这个世界"项目已募集完成 1 200万公益金，捐赠人次共计 94 491 次。

公益扶贫。2018 年 3 月，今日头条联合贵州省委网信办、贵州省扶贫办、联合启动"山货上头条"网络扶贫公益项目，首站推介贵州省 24 个原生态优质农特产品，主要通过面向头条 8 亿用户全国首页开屏、入驻"放心购"频道、举办"山货上头条·贵州味道"内容创作大赛等活动，多渠道推介，助力脱贫攻坚。邀请今日头条平台 100 多万创作者，通过微头条、短视频、小视频、文图等多样化形式为贵州原生态优质农特产品引入流量，实现精准传播，以内容导购的形式帮助农户售卖产品，在助推"黔货出山"过程中还将促使当地旅游、文化、生态资源得到进一步推广。

关爱特殊疾病患者。2018 年 6 月 20 日，抖音和今日头条联合罕见病发展中心（CORD）、你并不孤单 FSHD 关爱组织共同发起了 FSHD 公益挑战"橙子微笑挑战"接力公益行动，抖音上超过 17 万人参与，总播放量达 13 亿，总点赞量突破 4 500 万。同时，挑战赛相关话题在微头条上已获得 4 642 阅读、3 万讨论，共同呼吁社会关注特殊疾病患者。

感光计划。继"头条寻人""山货上头条"公益活动之后，今日头条又推出"感光计划"公益项目，转变传统公益活动形式，以技术助力图片公益，为社会公益事业发展提供了更多可能性。与单纯依靠资金进行补贴的传统方式不同，今日头条技术助力图片公益，联合中国摄协启动"感光计划"项目，依托字节跳动 AI Lab 的人工智能技术和个性化推荐算法系统，今日头条可将图片公益内容推送给关注公益事业的匹配受众，引导有捐助意愿的用户进入民政部许可的募款平台进行捐款捐助，强大的内容分发能力使公益图片故事得到更广泛、更精准的传播，让受助者的情况更快、更准地触达公益组织和爱心人士，缩短受助人与救助机构之间的信息链条。

四、责任管理

今日头条旗下的产品极大地丰富了人民生活，通过算法模型为用户提供精准、快速、便捷、有效的生活资讯及各种信息。但在履行社会责任方面仍然存在诸多问题，尚未形成自己的责任管理体系，并未发布过社会责任报告，反而在监管领域触碰了法律及道德红线。需要在后期的发展中不断调整改进，肩负起应有的社会责任。

第三节 今日头条履行社会责任存在问题

今日头条以内容算法进入内容行业，其推崇的算法引来全行业的跟进模仿。但只关注算法，关注经济效益的增长，对内容缺乏监管导致今日头条一直与各种纠纷相伴。今日头条在践行企业社会责任方面也存在诸多问题。主要集中在以下几个方面。

一、法律意识淡薄，频陷侵权纠纷

自2014年开始，今日头条因为侵权问题而被新浪网、搜狐、新京报等多家媒体发起诉讼，这些纠纷涉及行业的各个方面。与之发生纠纷的机构涵盖内容生产和分发的各个领域，引起纠纷的原因也涵盖了版权、流量、数据安全等方方面面的问题。

表15-2 今日头条侵权纠纷统计

时间	媒体	事件
2014年6月5日	新京报	发表社论质疑今日头条剽窃
2014年6月6日	广州日报	起诉今日头条侵犯其信息网络传播权

续表

时　间	媒　体	事　件
2014年6月20日	长沙晚报旗下星辰在线	要求今日头条停止侵权行为
2015年6月5日	燕赵都市报冀中版	起诉今日头条侵犯其新闻版权
2015年8月	湖北日报传媒集团	起诉今日头条侵权
2016年11月	凤凰新闻	起诉今日头条恶意劫持凤凰新闻客户端流量
2017年4月26日	腾讯、搜狐	起诉今日头条侵犯信息网络传播权
2017年5月2日	南方日报	发表公告称今日头条盗取自家新闻2 000多条
2017年8月14日	新英体育	证实今日头条侵权
2017年8月17日	搜狐	起诉今日头条侵犯著作权

（数据来源：根据网络公开信息整理）

二、社会责任意识缺失，爆发直播乱象

在发展初期，算法推荐为今日头条带来巨大发展契机，但不加监管的算法模型也使得今日头条内容走向低俗、暴力、涉黄的局面。2017年4月，央视曝光了今日头条等客户端传播色情低俗信息、违规提供互联网新闻信息服务，平台存在不定期向用户推送"艳俗"直播平台的问题。旗下火山小视频平台上出现大量未成年妈妈视频等低俗内容，"内涵段子"客户端软件和相关公众号则传播大量导向不正、格调低俗的信息，引发网民强烈反感。广电总局责令今日头条永久关停"内涵段子"客户端软件及公众号，依法查处上述网站涉嫌违规提供涉黄内容，责令限期整改，并要求该公司举一反三，全面清理类似视听节目产品。

三、主体责任意识缺失，传播丑化英烈内容

今日头条平台未落实主体责任，传播含有丑化恶搞英雄烈士的视频。2018年5月，今日头条旗下"暴走漫画"发布含有丑化恶搞英烈的网络动漫产品，通过其自营网站提供丑化恶搞董存瑞烈士和叶挺烈士的作品《囚歌》视频，文化和旅游部监测到有关"暴走漫画"的网络舆情后，要求陕西省文化厅、西安

市文化广电新闻出版局依法立案查处，从快从重作出行政处罚。

四、经济效益为王，推送非法广告

广告是今日头条主要的营收来源，在追求经济效益的过程中，今日头条出现违规推送非法广告。2018年4月，央视财经频道《经济半小时》曝光了今日头条通过二次链接的形式发布非法广告，在监管不太严格的三四线城市通过二次链接的方式发布违反《广告法》的广告。2018年4月4日，北京市工商行政管理局海淀分局对今日头条违规广告作出行政处罚，没收广告费共计235 971.6元，并处广告费用3倍的罚款，罚款707 914.8元。

五、企业文化建设薄弱，员工关爱仍然空白

今日头条企业文化建设薄弱，并未形成自己的文化氛围，其口号"你所关心的 才是头条"充分体现了企业的"流量思维"，以用户的需求作为全部关注点，直至2018年4月监管风波后，今日头条口号才更改为"信息创造价值"，致力于传播有价值的信息，并通过连接人与信息来创造新的价值。在员工关爱方面，今日头条亦是空白，甚至还爆出员工泄密、要挟、被迫离职等负面舆论，在发展中只侧重于公司的收益，对员工成长缺乏关注，缺乏企业该有的人文关怀。

第四节 践行企业社会责任提升路径与方法

一、强化社会责任意识，将企业社会责任贯穿到企业发展每一个环节

企业的发展与企业的社会责任意识呈正相关的关系，强化社会责任意识才能使企业在发展过程中有责任感、目标感。今日头条应转变这种过于推崇算法，市场为王，只注重经济效益而忽视肩负的社会责任的发展模式。遵法守法、强化主体责任意识，形成良性循环的市场竞争格局，积极践行社会责任。

二、加强监管，注重内容质量

在企业发展之初，算法模型为今日头条快速引流，对今日头条的发展功不可没。但在积累了一定量的用户之后，推崇内容算法导致劣币驱逐良币局面，平台不断给用户反复推送猎奇、低俗、夸张的信息，导致平台上的优质内容得不到传播，用户亦无法在内容上得到消费升级，一方面导致优质用户的逃离，另一方面使得传播内容不断走向低俗化、低端化，如此形成恶性循环。应在算法的优势上对内容加以监管，拒绝低俗信息，保证内容质量。

三、建立责任管理体系

建立企业社会责任管理体系，寻求经济效益与社会效益的统一。建立明确的目标责任体系，将责任管理纳入到企业发展的过程中，定期发布社会责任报告。

四、建立企业文化，关爱员工、保障员工权益

一个良好的企业文化可以激发全体员工的热情，统一企业成员的意念和欲望，形成企业发展的合力，更是留住和吸引住人才比较有效的手段。任何一家企业的发展离不开员工的支撑，作为侧重技术性的平台，今日头条在员工关爱方面尚有欠缺，关爱员工、关注员工的成长才能更好地为今日头条的发展提供保障。

第十六章 中国传媒社会责任研究地图

唐凤英[①]

内容提要：社会责任无论在传媒学界还是业界从来都是一个绕不开的话题。可以说，有大众传媒的地方就有或者就应该践行社会责任。国内关于传媒社会责任的研究由于历史文化因素的影响起步较晚，但是随着我国文化体制改革向纵深推进，传媒业的市场化程度不断加深，相关研究犹如雨后春笋般次第涌现，俨然跃身成为新闻学研究的一个中心议题，并在自然而然中形成了一个研究图谱。那么中国传媒社会责任研究地图究竟长什么样？又是如何铺开的？有什么特点？本文试图就这些问题进行尝试性的回答。

关键词：中国传媒　社会责任　研究地图

2016年3月，全国人大表决通过了《"十三五"规划纲要》（以下简称《纲要》）。《纲要》提出，"十三五"期间要实现"公共文化服务体系基本建成，文化产业成为国民经济支柱性产业"的发展目标，并明确指出，要加强现代传媒体系建设，加快发展网络视听、移动多媒体、数字出版、动漫游戏等新兴产业。这给出一个信号：未来传媒行业的发展空间还很大，大有可为。尤其近几年来随着媒介融合的深入推进，我国传媒产业在变革中不断发展壮大。有数据显示，2015年文化传媒行业披露并购规模176.4亿美元，披露并购案例276起，较2014年分别增长64.15%和16.95%，[②] 包括影视、游戏、数字营销、VR在内的多个子行业都呈现出较高的热度。传媒新时代的到来，很大程度上使媒体和传播拥有了更多的自由。但是，绝对的自由是不存在的，自由必须同责任相伴而行。这也使得有关传媒责任问题的讨论和研究，成为当今社会

[①] 唐凤英，中国社会科学院大学（研究生院）博士。
[②] 2016年中国传媒市场并购规模分析，https://www.chyxx.com/industry/201610/457855.html。

的一个热门话题，并在自然而然中形成了一个研究图谱。那么中国传媒社会责任研究地图究竟长什么样，又是如何铺开的，有什么特点？本文试图就这些问题进行尝试性的回答。

第一节　中国传媒社会责任研究背景

"我们每个人都生活、工作在世界的一隅，活动范围限于小圈子之中，密切交往的人屈指可数。对于具有广泛影响的公共事件，我们充其量只能了解某个方面或片段"①。这是沃尔特·李普曼在阐释"何为刻板印象"时写下的开始。盖伊·塔奇曼则直接以"新闻是人们了解世界的窗口"作为《做新闻》一书的开篇。这些研究都很好地道出了大众传媒在公众获取新鲜资讯、了解社会动态、勾画世界图景以及影响个体决策、引导社会舆论、倡导社会行为等方面的重要作用。事实上，"能力有多大，责任就有多大"，关于传媒责任的探讨也就相伴相随。

传媒社会责任理论起源于美国，是在传媒业托拉斯集团初显峥嵘的新环境中，大众传媒理论在原有传媒自由主义理论基础上的新发展②，强调大众传播媒介对社会和公众应该承担责任和义务。哈钦斯委员会于1947年出版的报告：《一个自由而负责的新闻界》常被视作它诞生的标志，威尔伯·施拉姆在《报刊的四种理论》一书中对该理论的内容做了更为详尽的阐述。书中明确指出"谁来监督媒介"是社会责任理论要解决的核心问题。这也就是说，该理论一面大力倡导大众媒介的责任观，另一方面也明确了媒介同样应该受到公众和政府的监督和制约，公众乃至政府在必要时可以干预媒介。③ 我国传媒理论界虽然不像西方那样旗帜鲜明地提出"社会责任论"，但也一直强调和提倡传媒要对社会负责。比如第一次世界大战期间，欧洲列强无暇东顾，中国民族资本主义得到长足发展，新的报刊、通讯社不断涌现，传媒从业人员的队伍也不断扩

---

① 沃尔特. 李普曼著，常江，肖寒译. 舆论 [M]. 北京：北京大学出版社，2018.
② 刘泽达. 美国"黑幕揭发运动"视阈下的传媒社会责任研究 [D]. 辽宁：辽宁大学，2016.
③ 肖利花. 媒体社会责任概念维度的归纳性分析 [D]. 广东：中山大学，2011.

大。这一时期,一些资产阶级新闻学者结合自身办报实际著书立说,阐明他们对传媒事业的认识,传媒责任便是他们探讨的主要内容之一。① 也有学者认为,在我国,传媒责任观首先由"新闻界最初的开山祖"徐宝璜提出,其产生的时代背景主要和当时媒介的社会作用日益增强、由媒介环境恶化引发人们对媒介信赖度降低、五四运动提倡的"独立""自由""民主""科学"等思想对新闻界的影响有关。② 尤其随着文化体制及传媒改革的不断深入,我国大众传媒市场化程度大大加深,媒介投资主体日渐多元化,仅"十一五"期间,我国就已经有1 252家非时政类报刊出版单位转制或登记为企业法人。③ 市场化媒体的异军突起,一方面给我国的传媒业翻开了新的发展篇章,但同时也使得大众传媒事业化与商业化的矛盾日益凸显,正是在这样的背景下,国内关于传媒社会责任的讨论日渐升温,相关研究也呈现了一个新的局面。

第二节　中国传媒社会责任研究地图概况

正如有人所说,"我们能够想象一个没有地图的世界吗?""一个时代和一种文化没有任何形式的地图是难以想象的"。可以说,地图已然成为人们工作、学习、生活不可或缺的科学工具。

尽管一谈到地图,人们大多习惯性地想到日常生活中的"实体性"地图,比如当下被广泛使用的高德地图、百度地图、腾讯地图。笔者认为,研究地图作为一种特殊地图,更多是一个"借喻性"概念④。它可能没有特定的样式和标准,也可能重"文"轻"图"甚至有"文"无"图",但是和其他类型的地图一样,想要帮助大家认知不熟悉的领域的出发点是不变的。

中国传媒社会责任研究地图,顾名思义是一幅关于国内传媒责任研究情况的地图。为使这幅地图尽量科学、完整,笔者在CNKI中分别以"传媒社会责

---

① 燕道成. 传媒责任伦理研究 [D]. 广东:中山大学,2010.
② 参照徐新平. 新闻伦理学新论 [M]. 长沙:湖南师范大学出版社,2001:85—92;田振华. 试论徐宝璜的媒介责任观 [J]. 广西大学学报,2007年增刊.
③ 包国强. 治理视角的传媒社会责任评价体系及评价模型分析 [J]. 湖北社会科学,2012 (8):192—195.
④ 梅新林. 论文学地图 [J]. 中国社会科学. 2015 (8):159—181.

任"为关键词、摘要、篇名、主题以及在全文中进行检索,得出结果如下(见表16-1)。

表16-1　CNKI中关于传媒社会责任研究文献搜索结果：1993—2018.8

检索名目	全　文	主　题	篇　名	摘　要	关键词
传媒责任	78 197	851	225	1 291	29

从表16-1可以看出,尽管在全文中使用传媒社会责任这一词组的研究较多,但是真正以传媒社会责任作为研究主题,把传媒社会责任写进摘要的并不多,将其作为篇名、关键词进行探讨的则更少。考虑到本文想要呈现的地图主要围绕传媒社会责任展开,笔者着重对以传媒社会责任为主题的研究文献进行了考察(详见图16-1)。

图16-1　CNKI中关于传媒社会责任主题研究年度分布：1993—2018.8

结合图16-1我们可以看到,现阶段CNKI中收录的以传媒社会责任为主题的研究文献始自20世纪90年代(1993年),但2000年以前的研究数量整体偏少,表现为1993年1篇,1996年1篇,1997年2篇,1999年5篇,2000年3篇,共计12篇。这种情况从2006年开始发生改变,并在2006年至2010年、2011年至2015年出现了两个小高峰,其中2006年至2010年合计为294篇,2011年至2015年合计为378篇,比前面两个阶段研究数量之和增长了好几倍,增速惊人。2017年和2018年也呈现出良好发展态势,其中2017年发布主题研究42篇,2018年截至8月底已发布20余篇。这和我国自2006年进入"十一五"时期，文化体制改革不断深入，文化产业快速发展不无关系。

总体来看，尽管将"传媒社会责任"作为关键词、篇名、主题进行研究的研究数量有限，发表篇数均未达到 1 000，但是在全文中提及传媒责任的研究却突破了 78 197 项（截至 2018 年 8 月），这也从侧面表明"传媒社会责任"在很多学科、领域的研究中都已成为一个绕不开的话题，新闻与传媒学科更是几乎占据半壁江山。尤其进入"十一五"后，文中涉及"传媒社会责任"的研究几乎逐年增加，比如 2000 年是 206 项，2001 年是 390 项，2002 年为 660 项，2010 年之后几乎每年的发表数量均超过 6 000 项。这些文中涉及"传媒社会责任"的研究也就生成了中国传媒社会责任研究地图总的疆域。

研究机构、研究者、研究内容作为中国传媒社会责任研究地图的基本要素，是本文的重点考察对象，考虑到研究机构较研究者相对稳定，在做基础分析时，笔者主要对国内相关研究机构进行了考察。

国内开展传媒社会责任主题研究的研究机构主要由国内开设有新闻学及相关专业的大专院校组成，其中复旦大学、武汉大学、南京师范大学等新闻学重点院校起着排头兵的作用。结合全文中涉及传媒社会责任的研究，发表文献数量靠前的分别为中国传媒大学（2 123 篇）、复旦大学（1 342 篇）、华中师范大学（1 243 篇）、南京师范大学（1 219 篇），这些都体现了传媒社会责任的研究在国内新闻学重点院校的重要性日益凸显。

和研究机构相似，国内传媒责任主题研究研究者的分布也较为零散，但总体而言，新闻学重点院校的师生开展的研究相对较多。综上，如果我们把中国传媒社会责任研究比作一幅地图，研究者、研究机构、研究内容都是其中不可或缺的重要因素。整体而言，国内传媒责任研究起步较晚，前期进展也较为缓慢，进入"十一五"之后，日渐成为学界和业界讨论的一个热点和重点领域。

第三节　中国传媒社会责任研究地图主体分析

如前文所言，中国传媒社会责任研究地图因是一种"借喻性"地图，可能没有特定的样式和标准，但是和其他地图一样，其主体必不可少。不同的是，一般地图的主体是地理要素，也就是地图上表示的具有地理位置、分布特点的自然现象和社会现象。在这里，如果我们把中国传媒社会责任的研究机构和研究者设定为活跃在这张地图上不同位置的点，那么这些研究机构发布的报告、研究者发表的研究成果就构成了中国传媒社会责任研究地图上最具价值，与其他地图或者研究地图相区别的主体部分。

社会责任论（Social responsibility theory of the press）很大程度上是西方舶来品。作为当代西方最具代表性的资产阶级传媒责任理论，它是继自由主义理论之后出现的一种传媒规范理论。它否认绝对自由的存在，强调自由与责任和义务相伴相随。它认为报刊自由涉及三者的利益，即报刊拥有者的利益、公众利益和社会利益，并提出了"消极的自由"和"积极的自由"两个不同的概念，主张政府和公众对传媒进行干预。可以说，对于媒体社会责任的研究，西方学者大多都是从批判的角度进行。与欧美发达国家相比，我国关于媒体社会责任的研究由于历史文化因素的影响起步较晚。综合 CNKI 文献来看，已有研究的研究思路主要是从宏观、中观、微观三个层面来进行考察（见图 16-2）。

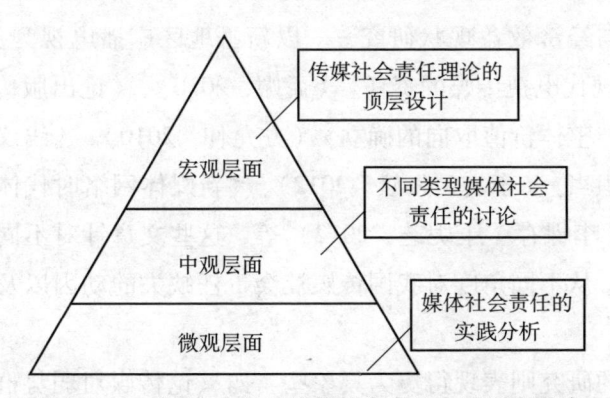

图 16-2　CNKI 中关于传媒社会责任主题研究思路

如图 16-2 所示，宏观层面的顶层设计主要是研究者们根据当前社会发展需要，对中国传媒社会责任框架的探讨与建构。如《传媒社会责任的缺失原因与实现路径》（杜志红，2006）、《媒介素养与传媒责任》（郑瑜，2007）、《社会公平正义与新闻传媒的责任》（丁柏铨，2007）、《论当代国际传媒研究中的两大关键词：社会责任与问责》（郑涵、金冠军，2007）、《传媒文化责任与民族文化传播》（高卫华，2007）、《舆论监督中传媒的责任是"监"还是"督"?》（陈力丹、易正林，2008）、《传媒责任：时代的发展与内涵的转变》（喻国明，2009）、《论传媒社会责任理论的伦理意蕴及其困境》（郑根成，

2009)、《传媒体制、媒体社会责任与公共利益——基于美国广播电视体制变迁的反思》（张春华，2011)、《中观社会风险的症结、应对与传媒责任——从风险文化视角予以考量》（陈盛兰，2013)、《传媒社会责任的履行与违悖》（童兵，2014）等。正如有学者指出"在现代社会，媒介由于其影响力的日益凸显，媒介的社会责任便成为一个越来越重要的课题"（喻国明，2009)，这些文章从宏观层面对媒体社会责任的属性、内涵进行阐释，提出媒体应当建立自律机制，通过对自我行为的管控，社会责任的坚守，真正做到"贴近实际、贴近生活、贴近群众，创新观念、创新内容、创新形式、创新方法、创新手段，增强亲和力、吸引力、感染力，在弘扬社会正气、通达社情民意、引导社会热点、疏导公众情绪、搞好舆论监督和保障人民知情权、参与权、表达权、监督权等方面发挥重要作用"①。

中观层面可以理解为某种类型的媒体或者某个媒体机构的社会责任研究或者自查。如《网络媒体社会责任与商业利益的平衡》（郑素侠，2005)、《大众传媒社会责任与经济效益现状研究——以新疆地区广播电视为例》（焦若薇，2009)、《浅析现代电视传媒的责任》（孟媚，2010)、《论出版传媒单位转企后社会责任体系与整体价值取向的确立》（方允仲，2010)、《浅议全媒体时代广电传媒的责任担当》（李宏、朱旗，2012)、《新媒体网络时代体育传媒社会责任缺失研究》（李保存、康妮芝，2012）等，这些文章针对不同类型媒体的属性和报道特点，从不同角度对我国传媒社会责任缺失的动因以及激励机制等要素进行探讨。

微观层面的研究则表现得更为具象些。如《论传媒对弱势群体问题报道的责任与失衡》（蒋万知，2007)、《传媒公信力反思——"纸馅包子"事件的传媒责任分析》（江黎黎，2007)、《个人维权案中的传媒责任——由张斌事件说开去》（吴瑛，2008)、《用传媒的责任记录时代的体温——以〈新闻周刊〉为个案分析》（王伟，2010)、《以勇气和智慧担起电视传媒的社会责任——浅析〈非常帮助〉栏目对建设和谐新农村的探索》（王黎燕、刘立红，2011)、《是新闻都能见报吗——从有关大学生的报道看传媒的社会责任》（赵辉、冯哲，2013)、《省会党报评论的责任与情怀——以〈郑州日报〉为例》（张永，

---

① 喻国明. 传媒责任：时代的发展与内涵的转变［J］. 新闻与传播研究，2009（6）：11—13.

2014)、《生态文明建设下传媒的社会责任》（江南，2010）、《食品安全报道的传媒责任——"老酸奶"事件中的媒体呈现及其反思》（马一杏等，2013）等，这些文章大多从某一现象或者事件入手，针对当下媒体在践行社会责任时存在的问题进行分析，从而进行反思和探讨。

第四节　中国传媒社会责任研究地图亮点分析

研究中笔者发现，在过去相当长一段时期内，国内关于传媒社会责任研究的面都较窄，研究者们大多都是围绕传媒伦理、新闻的职业道德进行讨论，如《传媒的良知与责任》（鲍勃·考德威尔，1997）、《新闻娱乐化、公众利益和传媒责任》（杨金鹏、黄良奇，2004）、《转型时期大众传媒在道德建设中的责任研究》（谢加书，2008）、《道德守望——传媒伦理责任研究》（徐静文，2009）、《食品安全报道的传媒责任——"老酸奶"事件中的媒体呈现及其反思》（马一杏、柳昭君等，2013）等。这种情况随着文化体制改革的不断深入尤其传媒市场化的推进逐渐发生改变。笔者认为，从企业的角度来对传媒社会责任进行考察，不仅为中国传媒社会责任研究注入了新的活力，也足以构成中国传媒社会责任研究的一大亮点。

（一）传媒社会责任报告态势良好

2011年8月，中国传媒社会责任课题组在北京大学新闻与传播学院成立，开展了中国传媒史上首次大规模的传媒单位履行社会责任情况调查，并于次年3月28日在"首届中国传媒（北京）论坛暨中国传媒社会责任座谈会"上发布中国传媒史上第一部传媒行业社会责任报告——《2011中国传媒行业社会责任报告》（简版），标志着中国传媒社会责任建设开始有一套全面、完整、系统的指标参考体系。该参考体系将传媒单位的社会责任细分为责任管理、市场责任、机构责任、公益责任、环保责任、文化责任6个一级指标，并将每个一级指标进一步细化成了二级指标和三级指标，对传媒单位社会责任的履行有较强的参考价值。①

应该说，《2011中国传媒行业社会责任报告》（简版）的发布为媒体社会责任履行情况调查和自查开了一个好头。特别值得一提的是，为推动各级各类媒体更加自觉主动地履行社会责任，提升全行业公信力，确保党的新闻事业健康发展，中宣部、中国记协等决定在新闻战线探索建立媒体社会责任报告制度，推动媒体每年定期公开发布履行社会责任情况报告，自觉接受社会监督。该项制度自2014年开始试点。首批11家试点媒体包括经济日报、中央电视台、中国青年报、人民网、新华网等5家中央新闻单位和新闻网站，河北日报、解放日报、浙江卫视、齐鲁晚报、湖北日报传媒集团、湖北广播电视台等6家地方新闻单位。到2017年，媒体社会责任报告单位增至40家，包括6家中央媒体、1家全国性行业类媒体，以及全国29个省区市的33家地方媒体。2013年，中国首部单体出版社企业社会责任报告在京正式发布，也标志着我国出版行业正式步入了积极践行社会责任的"成熟期"，截至2015年5月，出版发行业已披露24份社会责任报告。②

（二）传媒社会责任研究视角日益丰富、研究范围逐步扩大

ISO26000是国际社会责任领域里的第一个、也是唯一一个全球标准，是世界各国和各类组织都应遵守的责任规范。参照这一标准，社会责任的内容应包含7个方面，即组织管理、人权、劳工事件、环境、公平运营、消费者、社区参与和发展。企业履行社会责任的对象是所有的利益相关方，报刊股东、员工、供应商、用户、消费者、企业所在社区、社会和环境。随着这一新标准的出台（2010年），以及国内传媒社会责任研究的不断深入，新的研究视角也像雨后春笋般不断涌现，研究范围也逐步扩大。利益相关者理论的引入就是一个生动体现。

1984年，弗里曼在《战略管理：利益相关者管理的分析方法》一书中，明确提出了利益相关者管理理论。该理论认为，企业的经营管理是综合平衡各个利益相关者的利益要求而进行的管理活动。它强调任何一个公司的发展都离

---

① 周志懿. 做负责任的媒体——中国传媒社会责任课题研究综述 [J]. 青年记者, 2012 (5): 37—40.

② 张悦. 出版传媒企业社会责任分析与提升对策 [J]. 出版发行研究, 2016 (6): 23—26.

不开各利益相关者的投入或参与，企业追求的是利益相关者的整体利益，而不仅仅是某些主体的利益。20世纪90年代以后，利益相关者理论迅速发展，并开始影响企业绩效的评价方法，被广泛应用到各类企业的经营管理中，也逐渐受到学者们的青睐。正如蒋晓丽和杨晓强在论文《从利益相关者理论看传媒的社会责任》中指出，"传媒社会责任问题是新闻学研究的一个中心议题。传媒为什么要担负社会责任、应担负起怎样的社会责任、如何实现自身的社会责任，是这一中心议题的三个核心问题。利益相关者理论为回答这三个传媒社会责任的核心问题提供了一个整合性的解释框架"（2015）。

随着近年来我国传媒社会责任研究范围的逐步扩大，内容也日渐丰富起来，如《城市化乡土之变中传媒的文化责任呈现——以〈浙江日报〉〈美丽乡村〉周刊为例》（沈建波、蒋蕴，2013）、《绿色传播：中观传媒新生态中的媒介责任》（丰西西，2017）等。也正是因为越来越多的研究从文化、公益、环保等多个层面来考察分析传媒社会责任的实践情况，中国传媒社会责任地图才更加"有血有肉"起来。

综上所述，如果说地图能够帮助我们认知不熟悉的世界，那么中国传媒社会责任研究地图的勾勒与建设则是帮助我们建构一个认知中国传媒社会责任践行和研究的真实图景。尽管现阶段这幅地图仍有它的不足和缺憾，但是在我看来，地图还有一个特点，就是引领我们去探索更好、更丰富的未知世界，希望这份不健全的中国传媒社会责任研究地图也能指引我们在传媒社会责任研究的道路上越走越远，越走越好。

参考文献

[1] 中国互联网络信息中心．第42次《中国互联网络发展状况统计报告》．中国网信网，2018：5，[2018-08-20]，http：//www.cac.gov.cn/2018-08/20/c_1123296882.htm.

[2] 吴晓青，徐卉婷．短视频自媒体发展现状及趋势．新闻前哨，2017（9）：12.

[3] 高文兴．快手：打造新生代企业的"走心"公益模式．公益时报，2018：9，[2018-05-15]，http：//www.gongyishibao.com/html/yaowen/13905.html.

[4] 刘鑫璐．网络直播平台的可持续性发展研究——以"快手"为例．新闻研究导刊，2017（1）：266.

[5] 刘心怡，姚志明．"快手APP"传播策略分析．现代营销，2018：101，[2018-08-15]．http：//kns.cnki.net/kcms/detail/22.1256.F.20180814.1449.140.html.

[6] 林建宗．网络媒体社会责任推进机制研究．科学决策，2010（12）：31.

[7] 麻亚婷．移动短视频规范化浅析．新闻研究导刊，2017，8（13）：127.

[8] 王正友，孙艳．我国短视频发展现状与对策分析．传媒，2018（11）：89.

[9] 白洁．移动社交短视频的问题与治理．新闻研究导刊，2018，9（9）：47.

[10] 王晓桦．基于社交媒体的短视频传播模式及问题研究——以用户自制短视频为例．新媒体研究，2017（8）：21.

[11] 内蒙古广播电视台社会责任报告（2015、2016、2017）．

[12] 内蒙古广播电视台内部刊物《广播电视宣传（2017、2018）》．

[13] 内蒙古电视台2018年度收视年报．

[14] 中国信息通信研究院产业与规划研究所. 创新生态共同体 助力经济新动能：2017 年微信经济社会影响力研究.［2018－07－09］. http：//www. caict. ac. cn/sytj/201805/P020180530542164170839. pdf.

[15] 微信派. 有红包，快上车.［2018－06－07］. https：//mp. weixin. qq. com/s/w_ r6ZZ3a3Az3HeslCwSfbw.

[16] 微信派. 嗖嗖嗖嗖嗖嗖，来微信"搜一搜"、"看一看".［2018－06－07］. https：//mp. weixin. qq. com/s/rcLYD0g3hi5ifgTLYDo6pA.

[17] 微信派. 原创保护上线新分享样式.［2018－06－09］. https：//mp. weixin. qq. com/s/7LwDX0SZFBJDJRzyPl0Fbw.

[18] 肇庆市人民政府. "12369 环保举报"微信平台上线了！动动手指即可举报.［2018－08－01］. http：//www. zhaoqing. gov. cn/pub/zqhb2014/xxgk/gzdt/201703/t20170307_ 439607_ mo. html.